N

GRACIAS POR TU COLABORACION
Y APOYO

21-ENER/01

GERENCIA DE PROCESOS

Hernando Mariño Navarrete

Alfaomega

**Alfaomega**
México, Argentina, Colombia, Chile, Venezuela

Transversal 24 No. 40-44
Bogotá D.C. - Colombia
E-mail scliente@alfaomega.com.co
Página Web http://www.alfaomega.com.mx

Hernando Mariño Navarrete
E-mail: hmarino@colnodo.org.co

ISBN: 958-682-236-2

Diseño de cubierta: Alfomega S.A.
Edición y diagramación electrónica: Alfomega S.A.
Impresión y encuadernación: Quebecor World Bogotá

Impreso y hecho en Colombia - Printed and made in Colombia

CONTENIDO

INTRODUCCIÓN   ix

Capítulo 1. EVOLUCIÓN DEL CONCEPTO   1

El control del proceso   2
El mejoramiento de procesos   3
La gerencia de procesos   4
Los procesos en la serie de normas ISO 9000:2000   7
El concepto de proceso   9
Los ocho factores determinantes en un proceso   12

Capítulo 2. EL DESPLIEGUE DE POLÍTICAS Y LOS PROCESOS   15

Hoshin-kanri   15
Rumbo estratégico   16
     Misión   17
     Visión   17
     Principios y valores   18
Área estratégica   18
Política estratégica   19
Plan operativo   21
Metodología del despliegue de políticas   24
     Alineamiento horizontal   24
     Alineamiento vertical   26
     El tiempo   28
     Revisiones periódicas   28

Capítulo 3. IDENTIFICACIÓN Y CLASIFICACIÓN DE PROCESOS   33

Identificación de procesos   33
Clasificación de los procesos   37
     Procesos organizacionales y funcionales   38
     Procesos gerenciales, operativos y de apoyo   39

Capítulo 4. UN MODELO PARA LA GERENCIA DE PROCESOS   43

Gerencia para controlar   44
Gerencia para mejorar   46
El modelo propuesto   49
     Fase 1. ¿Cuál es la objetivo que tratamos de alcanzar?   49
     Fase 2. Catalogar el conocimiento actual   50
     Fase 3. Estrategia de aprendizaje   51
     Actividades y estrategias del modelo   52

Capítulo 5. ESTRUCTURA ORGANIZACIONAL PARA GERENCIA DE PROCESOS   57

Equipos de proceso interdepartamentales   57
Equipos de proceso intradepartamentales   60
El consejo de calidad   62

Calidad individual en el trabajo diario 62
Transformación de la cultura organizacional 64

Capítulo 6. MEDIDORES E INDICADORES 69

Características de los buenos indicadores y medidores 70
Tipos de indicadores 71
Medidores o indicadores de resultado 72
Medidores o indicadores de proceso 75
Elaboración de indicadores 76
Paso 1. Defina los atributos importantes 77
Paso 2. Evaluación de los medidores o indicadores propuestos 77
Paso 3. Compare contra el conjunto de medidores o indicadores
actuales para evitar redundancia o duplicidad 79

Capítulo 7. APRENDIENDO DE LOS MEJORES PROCESOS 81

¿Qué significa aprender de los mejores? 81
El proceso de escuchar a los mejores 85
El ciclo 87
Tipos de comparación competitiva 90
¿Cuáles procesos es importante comparar? 91
¿Cómo realizar el aprendizaje? 95

Capítulo 8. EL COSTO DEL PROCESO 99

Administración total de costos 99
El sistema ABM 100
El costo total de calidad 101
Análisis de valor al proceso 102
La productividad del valor agregado 104

Capítulo 9. TÉCNICAS ÚTILES DE LA GERENCIA DE PROCESOS 107

Las siete técnicas básicas 107
Análisis de Pareto 108
Diagrama causa-efecto 113
Hoja o lista de chequeo 116
Diagrama de flujo 117
Histograma 120
Diagrama de dispersión 123
Gráficos de control 125
Alteración del proceso 130
Procesos 6 sigma 131
Las siete técnicas de planeación y gerencia 132
Diagrama de afinidad 133
Diagrama de árbol 134
Matrices de prioridad 136
Diagrama matriz 138
Diagrama de interrelaciones 140
Gráfica del programa de decisión del proceso 142
Diagrama red de actividad 142

BIBLIOGRAFÍA 147

El autor

Hernando Mariño Navarrete, reconocido asesor gerencial, profesor e investigador en los temas de competitividad, calidad, dirección estratégica y productividad, es ingeniero industrial de la Universidad de los Andes. Obtuvo un grado de magíster en administración de empresas en Suecia y realizó estudios de especialización en control total de la calidad en Japón y en informática para gestión empresarial en Suiza.

Ha asesorado a decenas de empresas industriales y de servicios en América Latina y ha sido un promotor permanente en la región de la filosofía de la calidad como paradigma de administración integral. La *American Society for Quality* reconoció su aporte educativo en el avance de la teoría y la praxis de los principios y metodología de la calidad y su aplicación en las organizaciones latinoamericanas, eligiéndolo como *fellow*, una de las mayores distinciones otorgadas por esta asociación a nivel mundial.

La Asociación de ex alumnos de la Universidad de los Andes lo distinguió como Ingeniero Industrial Destacado por la enseñanza de la calidad a través de sus libros. Es profesor en programas para graduados en varias universidades.

Ha publicado ocho libros sobre temas de administración e ingeniería industrial: *Planeación estratégica de la calidad total, Gerencia de la calidad total, Círculos de calidad, El sistema de control estadístico de la calidad, La función de calidad, Manual de calidad para la industria gráfica, Diseño de sistemas de operación, Productividad del valor agregado*, y varios artículos en revistas especializadas.

INTRODUCCIÓN

La gerencia de los procesos en las organizaciones de principios del siglo XXI es uno de los factores claves de su éxito. No obstante, no es novedoso ni el concepto administrativo, ni su práctica. Se puede afirmar, sin lugar a dudas, que desde los albores del siglo XX con el desarrollo del movimiento de la calidad, se dio inicio a la concepción administrativa de la gerencia de procesos, aunque de manera incipiente.

Para muchos la administración por procesos o gestión por procesos es una moda que tiene adeptos en todos los rincones del mundo y están deseosos de aplicarla, como lo fueron en su oportunidad otras modas de administración por objetivos, la administración participativa, la administración por políticas, la administración por observación caminante, y muchas otras administraciones por... Pero sólo los gerentes profesionales, exitosos en la teoría y la práctica del arte de administrar organizaciones, saben que lo importante es orientarse hacia la gerencia de los procesos organizacionales como uno de los pilares de un sistema integral, holístico de planeación y gerencia, esencial para desarrollar la estrategia corporativa.

Para quienes hemos tenido la fortuna de participar en el movimiento mundial de calidad, aprendiendo de los pioneros y de las organizaciones en todo el mundo que la aplican como una verdadera filosofía de administración y aportar un grano de arena al enfoque administrativo de la calidad, enseñándolo e implantándolo en organizaciones latinoamericanas, la orientación hacia la gerencia de procesos ha estado presente desde el principio mismo del establecimiento de ese paradigma de administración que llamamos calidad total, gerencia de la calidad total, mejoramiento continuo, gerencia integral o denominaciones similares.

Hoy, se considera que la gerencia de procesos es una parte inherente al trabajo diario en las organizaciones. Así se ha reconocido en todo el mundo, y aparece sistemáticamente como uno de los criterios esenciales para reconocer públicamente a las empresas con desempeño excelente en la estructura de todos los premios nacionales de calidad, establecidos para tales efectos.

La organización internacional de normalización - ISO también ha establecido que la orientación hacia los procesos es esencial en la gestión y en el
aseguramiento de la calidad y así ha quedado plasmado en la revisión técnica
de la familia de normas ISO 9000, estimulando la adopción de este principio
en el establecimiento de sistemas de gestión de la calidad.

Este libro, que he venido construyendo y revisando como fruto de mi
experiencia docente y de mi práctica profesional de asesoría a las organizaciones en sistemas integrales de gerencia, pretende servir como texto de consulta en un tema tan apasionante como es la gerencia de procesos. En nueve
capítulos desarrollo los siguientes temas: la evolución del concepto de proceso, su relación con el despliegue de políticas, identificación y clasificación de
procesos, un modelo para la gerencia de procesos, la estructura orgánica requerida, el establecimiento de medidores e indicadores para medir el desempeño de los procesos, el costo de los procesos, la comparación con los mejores
procesos y las técnicas y herramientas útiles en la gerencia de los mismos.

Los paradigmas en administración deben ser revaluados permanentemente.
Lo que creíamos que funcionaba muy bien hace diez años, hoy ya no lo es. Sin
embargo, y a riesgo de equivocarme como toda persona acostumbrada a errar
una y otra vez, considero que el principio de una orientación hacia los procesos permanecerá por muchos años. ¿Pensarán lo mismo quienes tengan la
responsabilidad de dirigir organizaciones a mediados o al final de este siglo?

Espero que estos modestos apuntes y reflexiones sobre la gerencia de
procesos contribuyan a mejorar nuestro entendimiento de lo que significa la
gerencia de los procesos en una organización.

Hernando Mariño Navarrete
Bogotá, enero de 2001

Capítulo 1. EVOLUCIÓN DEL CONCEPTO

La gerencia de procesos tuvo su origen en el movimiento de calidad. En los inicios del siglo XX, se desarrolló el concepto administrativo de procesos y se incluyó como práctica dentro de la disciplina de la calidad.

Hasta los albores del siglo XX, las organizaciones en todo el mundo, tanto industriales como de servicios, tenían una orientación hacia el producto, llámese bien o servicio. Esto generó sistemas de producción en las industrias y de operación en las empresas de servicios enfocados en aumentar su productividad con base en el incremento incesante en el número de los bienes producidos o los servicios prestados. La estrategia se concentraba en tal objetivo y, por ende, las soluciones que surgieron de la consecuente estructura, se desarrollaron en tal perspectiva. La práctica predominante de calidad para entonces, era la inspección del producto final.

El enfoque de administración científica desarrollado por Federick W. Taylor fue pionero en el mejoramiento de la productividad. El sistema Taylor logró aumentos extraordinarios en la productividad de las industrias, asignando la responsabilidad del planeamiento de la planta a ingenieros especializados y usando a los trabajadores y supervisores de producción desplazados en la ejecución de los planes concebidos por los ingenieros.

Sin embargo, el sistema Taylor de administración tenía también varias desventajas, las principales eran la pérdida de poder y autonomía de los trabajadores en su lugar de trabajo y la caída en la calidad del producto. El primer problema nunca fue solucionado por los practicantes de este sistema de administración, que aún, hoy, cien años después, muchas organizaciones lo siguen aplicando sin mayor modificación, donde existe una dicotomía entre las personas "educadas" que planean a nivel central y los trabajadores "no educados" que ejecutan los planes. Para solucionar el problema de la baja calidad de producto, los gerentes de planta crearon cargos de inspectores, dentro de los departamentos de producción, dedicados a detectar mediante patrullas de inspección y auditorías los productos defectuosos, de tal manera que fueran nuevamente procesados o desechados antes de llegar a manos del consumidor.

Si algún producto defectuoso llegaba al consumidor final, lo usual era que la alta gerencia preguntara al jefe de inspectores ¿por qué dejamos pasar esto? en lugar de preguntarle al gerente de producción ¿por qué trabajamos de esta manera?, generando grandes desperdicios de recursos y el potencial de la gente involucrada en el sistema, ya que se pretendía inspeccionar el producto y no construir mejores productos.

El control del proceso

El concepto de proceso, entendido en su forma más sencilla, como un conjunto de actividades que toman unas entradas, le añaden valor y entregan unas salidas fue desarrollado en los Estados Unidos en las primeras cuatro décadas del siglo xx.

Walter Shewart, prominente estadístico norteamericano, que trabajó en el Departamento de Ingeniería de la compañía Western Electric - Laboratorios Bell, hoy Lucent Technologies (inventores del transistor, el rayo láser y el sistema Unix) fue el pionero en el control de los procesos. En 1924 Shewart inventó el gráfico de control, estableciendo los principios esenciales del control estadístico de la calidad y dando origen al estudio científico moderno del control de procesos. Para mayores detalles sobre esta técnica, véase el Capítulo 9.

Por su formación de estadístico, Shewart enseñó a los gerentes que los resultados de los procesos industriales generaban datos cuantitativos tales como longitud, peso, altura, densidad, etc., que podían ser analizados usando métodos estadísticos para determinar si la variación observada en ellos indicaba que el proceso estaba "bajo control", es decir, correspondía a causas comunes de variación o si, por el contrario, el proceso estaba afectado por causas especiales que podían ser corregidas para evitar resultados del proceso "fuera de control".

Se reconoce así que la calidad no solamente está presente en el producto final, sino que se construye en el proceso y, por tanto, es necesario enfocarse también en las actividades previas que crean los productos.

Cuando los gerentes de los Laboratorios Bell aplicaron los conceptos de Shewart, redujeron los productos rechazados hasta en un 50% y ahorraron millones de dólares en costos innecesarios.

Shewart es también el autor del conocido ciclo PHVA - planear, hacer, verificar y actuar. Ciclo denominado ciclo de mejoramiento, equivocadamente se le asignó el nombre de ciclo Deming, pues se supuso que él lo había ideado. W. Edwards Deming, discípulo y colega de Shewart, difundió universalmente el conocimiento desarrollado por su maestro. Hoy ha evolucionado el concepto del ciclo hacia PEEA, esto es, planear, ejecutar, estudiar (en lugar de verificar) y actuar.

El conocimiento aportado por estos pensadores en calidad fue, entonces, el escuchar la voz de los procesos, analizando los datos por ellos generados para minimizar las variación existente en ellos, de tal manera que fueran estabilizados para continuar luego con su mejoramiento.

En consecuencia, en una primera fase se debe controlar el proceso y una vez que ha sido estabilizado, se debe iniciar su mejoramiento, moviendo una y otra vez el ciclo PEEA.

El control estadístico de procesos se convirtió en un estándar dentro de la industria norteamericana y, posteriormente, gracias al trabajo de Deming, lo acogieron todo tipo de organizaciones alrededor del mundo.

El mejoramiento de procesos

Sin duda alguna, las organizaciones japonesas fueron las que con mayor seriedad aplicaron de manera coherente las enseñanzas de tres eméritos profesores norteamericanos: Joseph Juran, Edwards Deming y Peter Drucker, iniciando a partir de la segunda mitad del siglo XX, el paradigma más exitoso de administración hasta ahora conocido: el de calidad total, en el que la gerencia de procesos es uno de sus fundamentos.

Otro aporte fundamental a la orientación hacia los procesos en la organización, lo realizó Kauro Ishikawa, conocido mundialmente por ser el padre de los círculos de calidad, concepto desarrollado a partir de 1962, según el cual las personas pueden aportar todo su conocimiento, experiencias y habilidades, trabajando en equipo, estudiando y aplicando las herramientas básicas de control y mejoramiento a sus procesos de trabajo. Pero, antes del nacimiento de los círculos de calidad en la empresa de teléfonos y telégrafos del Japón, Kauro Ishikawa contribuyó al enfoque sobre los procesos, ideando el conocido diagrama de causa-efecto, denominado también diagrama de Ishikawa en su honor.

La aplicación de los principios y metodología de control y mejoramiento de procesos se extendió a las organizaciones prestadoras de servicios con mucha fuerza a partir de los años sesenta en el Japón, Estados Unidos, Europa y América Latina. Aunque muchos han querido vender la idea que el servicio es un producto diferente a un bien, se ha entendido que los principios son universales y se aplican por igual, ya sea que se fabrique un bien o se preste un servicio. Hoy, las organizaciones de servicios exitosas alrededor del mundo tales como universidades, bancos, aerolíneas, restaurantes, hoteles, hospitales, etc. aplican esquemas integrales de administración, siendo la orientación hacia procesos uno de los fundamentos de su esquema de gestión.

Kaizen es el término acuñado por el especialista en calidad japonés Masaki Imai en los años ochenta para sintetizar el concepto de mejoramiento continuo de los procesos, un mejoramiento incremental a pequeña escala pero, incesante para obtener mejoras en los procesos, trabajando con el conocimiento, la experiencia y habilidades de las personas involucradas en él. Pero el mejoramiento de los procesos no se limita a la aplicación del Kaizen. Es preciso acudir también al mejoramiento a gran escala, al mejoramiento drástico, invirtiendo en tecnología, esto que fue planteado por Joseph Juran como "cambio de mentalidad o *breakthrough*" y que en Japón se denomina *Kayro*, no fue entendido por algunos gurús de la administración y propusieron entonces el concepto de reingeniería, creyendo erradamente que el planteamiento de la calidad total se limitaba sólo al mejoramiento incremental.

El mejoramiento de los procesos implica, entonces, tanto el enfoque evolutivo (*kaizen*) como el revolucionario (innovación), los objetos son los procesos, no las organizaciones. De lo que se trata es de enfocarse en cómo se realiza el trabajo por las personas que lo hacen en unas áreas, departamentos o grupos de trabajo.

La gerencia de procesos

La orientación hacia los procesos forma parte de la cultura de las organizaciones exitosas. Observamos esto en empresas latinoamericanas, norteamericanas, europeas, japonesas. No tiene nada que ver con la cultura antropológica, sino con la cultura empresarial. El investigador Lester Thurow concluye que las firmas japonesas exitosas asignan dos tercios de sus presupuestos de investigación y desarrollo a nuevos procesos y solamente un tercio a nuevos productos, que son las proporciones inversas que encuentra en las empresas norteamericanas a las que no les ha ido muy bien. La idea implícita es que si existe una buena gerencia de los procesos, los resultados son automáticos.

Hemos aprendido que una diferencia enorme en los resultados de las compañías alrededor del mundo radica en la concentración que en ellas se hace por mejorar sistemáticamente sus procesos. Y aunque por supuesto no se trata del único elemento que explica la diferencia, sí está presente en todas las organizaciones exitosas.

La confusión común entre unidades organizacionales y procesos surge porque el paradigma predominante en las organizaciones es el del organigrama, donde las líneas de responsabilidad, autoridad y relaciones entre las personas están dibujadas y los colaboradores están acostumbrados a las denominaciones de Vicepresidencia, Gerencia, Dirección o Departamento equis, pero no están establecidos ni dibujados los procesos.

Las unidades organizacionales tienen nombres muy definidos pero los procesos no. Es así como los procesos aparecen fragmentados, muchas veces invisibles por la estructura organizacional y, lo que es más grave, los procesos tienden a no tener gerencia, ya que la alta gerencia responsabiliza a los gerentes por rendir cuentas de un área o departamento en particular, pero no se asigna la responsabilidad por el trabajo completo, esto es, por el proceso.

La consecuencia de la concentración en funciones es que nadie es responsable del proceso completo, pues hay muchos responsables por partes del mismo, afectando la competitividad de la organización.

Una de las preocupaciones de varios pensadores dentro del movimiento de calidad, a nivel mundial, era la de mejorar la efectividad de las organizaciones para entregar bienes y servicios que agregaran valor a los ojos de sus clientes, de acuerdo con el mercado objetivo que la misión y visión de la empresa hubiera fijado. Encontraban que una de las limitaciones más grandes en dicho propósito era la visión fragmentada de operaciones individuales realizadas por unidades organizacionales específicas, en la que se pretendía optimizar las operaciones individuales, tales como manufactura, compras, tesorería, distribución, para mencionar sólo unos pocos ejemplos sin un enfoque holístico de procesos totales.

La preocupación clásica en las organizaciones ha sido por los canales de autoridad, información y control, es decir, por la estructura organizacional, y no por lo que se hace y cómo se hace en toda la empresa, esto es, por los procesos realizados a lo largo y ancho de tal estructura.

De acuerdo con la estructura organizacional, ciertas actividades son agrupadas en unidades organizacionales tales como producción o ventas. La lógica de agrupar las actividades en grupos de trabajo, secciones, departamentos, gerencias, vicepresidencias es que las actividades que realizan tienen similitudes y por tanto deben ser desarrolladas agrupándolas en una misma área de trabajo. Un departamento se separa de otros grupos de trabajo con base en la diferencia de sus actividades, estableciendo una estructura basada en especialistas por funciones.

Esto condujo a un énfasis y orientación creciente hacia la importancia de los procesos como responsabilidad esencial de la gerencia para lograr una mayor competitividad de la organización.

Nace así, dentro del movimiento de calidad, la concepción de la organización como un conjunto de procesos que generan un bien o servicio de valor para el cliente. Teoría y práctica que ha venido evolucionando a partir de la segunda mitad del siglo xx. "El siguiente proceso es su cliente" establecieron los japoneses. Esto fue un paso adelante en la concepción de una organización como un conjunto de procesos interrelacionados. Los procesos son las actividades estructuradas sistemáticamente para producir un resultado que tenga valor para unos clientes. La orientación hacia los procesos implica un énfasis en la forma como se realiza el trabajo en la organización, identificando y gestionando los diferentes procesos, en contraste con el énfasis en qué se produce.

Los procesos son la arquitectura en la que está soportada una organización para entregar valor a sus clientes. En consecuencia, es el cliente, interno o externo, el que está en mejor posición para evaluar la calidad de los procesos. La satisfacción del cliente es uno de los principios esenciales de la calidad total.

Escuchar la voz del cliente fue otro de los principios de la gerencia de procesos. Cualquier proceso tiene razón de ser en la medida que le agregue valor a los ojos de quien demanda el producto del mismo. Si un proceso no tiene usuarios, consumidores, clientes que utilicen las salidas entregadas por éste, es un proceso cuya existencia no tiene sentido y debe desaparecer, ya que no agrega valor ni es necesario, son actividades y resultados muy costosos para cualquier tipo de organización.

No obstante lo anterior, el paradigma de la calidad total, predominante en las organizaciones exitosas en las dos últimas décadas, estableció otro juez implacable de los procesos seguidos por una organización y se llama aprendizaje de las experiencias de otras organizaciones reconocidas como líderes. Por tanto, es necesario colocar en referencia nuestros procesos para aprender cómo lo hacen los mejores, ya sea en nuestro mismo sector de actividad o en otros sectores, escuchando cuidadosamente sus experiencias y ajustando nuestros procesos a esas mejores prácticas.

Benchmarking, comparación competitiva, referencia competitiva o escuchar la voz de los mejores fue otro aporte en la concepción del enfoque y mejoramiento de los procesos. Esta metodología propuesta por Robert Camp a principios de los años ochenta en Occidente, fue promulgada por el general chino Sun Tzu (400 a.C.), implica desarrollar un proceso de aprendizaje, y se constituye en un método efectivo para lograr transformaciones revolucionarias en los procesos. Escuchar la voz de los mejores es un proceso en sí mismo, que enseña a las organizaciones una metodología probada para aprender a aprender.

Este ha sido el desarrollo del esquema de gerencia de procesos y es uno de los criterios claves que ha sido incluido en los premios nacionales de calidad alrededor del mundo, cuyo enfoque es establecer un modelo de desempeño excelente para las organizaciones. Así está contemplado en el Premio Malcom Baldrige de Estados Unidos, el Deming y la medalla a la calidad en el Japón; el premio europeo a la calidad de la comunidad europea; en Latinoamérica, el premio colombiano, el brasileño y el mexicano a la calidad también lo incluyen.

Existe consenso en establecer que una organización exitosa moderna, con desempeño excelente como sistema global, de cualquier tipo o tamaño, tanto en el sector público como en el privado, que aplica la calidad total como su filosofía de administración, debe practicar la gerencia de procesos en su gestión.

Los procesos en la serie de normas ISO 9000:2000

La revisión efectuada en el año 2000 a la familia de normas ISO 9000, ha cambiado su enfoque inicial de entender un sistema de calidad utilizando el modelo de ciclo de vida de producto, de acuerdo con un conjunto de elementos por el de recomendar a las organizaciones que fundamenten sus sistemas de gestión de calidad en el concepto de procesos y adopten la orientación hacia los procesos.

Esto representa un cambio radical al interior de los organismos de normalización en el mundo entero en su manera de entender las organizaciones y sus
sistemas de calidad, que va en armonía con el desarrollo de la teoría y la
praxis de modelos integrales de gerencia como el desarrollado bajo el esquema de calidad total. En tal sentido, la nueva serie de normas ISO 9000 es
anacrónica pues simplemente reconoce la importancia de administrar procesos, como elemento fundamental para asegurar calidad y mejorar la productividad en las organizaciones, teoría y práctica implantada por muchas
organizaciones en las dos últimas décadas del siglo pasado.

En consecuencia, se observa una tendencia a normalizar las visiones dis-
pares del pasado entre los premios nacionales de calidad y el enfoque previo
de la serie ISO 9000. Creo que de esta manera se ha dado un paso adelante y
las críticas provenientes de lado y lado en el pasado, han resultado en diálogos
fructíferos en beneficio del cliente, las organizaciones y la sociedad.

El comité técnico TC 176 de la ISO - International Organisation for
Standardization, encargado de la revisión de la ISO 9000:2000 llegó a un consenso en relación con los principios gerenciales de la calidad. Los principios
fueron desarrollados después de investigar cuáles eran los conceptos de calidad en uso por las organizaciones alrededor del mundo. Ocho principios re-
sultaron de este trabajo:

1. Organización enfocada hacia el cliente
2. Liderazgo
3. Participación de las personas
4. *Orientación hacia los procesos*
5. Enfoque sistémico de gerencia
6. Mejoramiento continuo
7. Toma de decisiones basada en hechos
8. Relación benéfica mutua con los proveedores.

Estos principios aparecen tanto en la ISO 9000 como en la ISO 9004, y
fueron básicos para el desarrollo de la ISO 9001, aunque formalmente no aparecen en el documento.

Este nuevo enfoque en las normas ISO 9000, que es norma internacional a
partir de diciembre de 2000, incluye los siguientes conceptos claves en el
texto de la cláusula 0.2 de la ISO 9001, que explica el modelo:

- Cualquier actividad que reciba entradas y las convierta en salidas puede ser considerada como un proceso.

- Las organizaciones pueden ser más efectivas (eficaces y eficientes) si se gerencia un sistema interrelacionado de procesos. La identificación y gerencia de estos procesos pueden hacer que el sistema global de gerencia de calidad sea más efectivo en alcanzar los requerimientos del cliente.

- El enfoque de procesos ha sido adoptado como medio para facilitar el mejoramiento del sistema de gerencia de calidad.

- El modelo de orientación hacia los procesos propuesto en la norma ISO 9001:2000 es informativo. Esto significa en el lenguaje ISO que no forma parte de los requerimientos. Se presenta para proveer contexto, entendimiento general y antecedentes.

- Se reconoce en el modelo que los clientes juegan un papel significativo para definir los requisitos como entradas. Asimismo, que el seguimiento de la satisfacción del cliente es necesario para evaluar y validar si se han satisfecho los requisitos del cliente.

- El modelo propuesto en la revisión de la serie ISO 9000:2000 representa *un modelo* que puede usarse para describir cómo el enfoque de procesos puede ser aplicado a los sistemas de gerencia de calidad.

El concepto de proceso

Se han utilizado diferentes definiciones para referirse al significado de un proceso, tales como:

- "Secuencia de acciones o conjunto de actividades encadenadas que transforman en productos o resultados con características definidas unos insumos o recursos variables, agregándoles valor con un sentido específico para el cliente".

- "Sistema de actividades que utiliza recursos para transformar entradas en salidas".

- "Una o más actividades, sujetas a control, que usan recursos para transformar entradas en salidas".

- "Es un ordenamiento específico de actividades en lugar y tiempo, que tiene un principio y un fin, con insumos o entradas y productos o resultados claramente especificados para un determinado cliente o mercado".

Sugiero la siguiente definición:

- Sistema interrelacionado de causas que entregan salidas, resultados, bienes o servicios a unos clientes que los demandan, transformando entradas o insumos suministrados por unos proveedores y agregando valor a la transformación.

No obstante las bondades de la normalización, considero que no existe una definición única y correcta de lo que es un proceso. Se puede utilizar cualquiera de las indicadas anteriormente o aun diferentes. Lo importante, a mi juicio, es entender el concepto y aplicarlo. Es fundamental tener claro que al realizar un proceso, se está desarrollando una *transformación que agrega valor* (véase Figura 1).

En la gerencia de cualquier proceso, el punto de partida es determinar claramente quiénes son los clientes y cuáles son sus necesidades y expectativas, requerimientos del cliente que deberán ser entregados por las salidas que produce el proceso. Como lo muestra la Figura 1, los proveedores son parte intrínseca del proceso, pueden ser externos a una organización o estar en su interior, en cualquier caso los proveedores entregan suministros, materia prima, insumos, personas, información, etc., que se denominan de manera general entradas del proceso.

A continuación se presentan algunas de las definiciones de términos más utilizadas en la gerencia de procesos.

- *Procedimiento o protocolo.* Es un proceso normalizado. Es decir, cuando el proceso ha sido mejorado, viene la etapa de control. Por tanto, el procedimiento es el conjunto de actividades normalizadas que deben cumplirse en todas y cada una de las etapas de un proceso.

- *El procedimiento puede estar documentado o no.* En el primer caso, se utiliza con frecuencia el término procedimiento escrito o procedimiento documentado.

- *Capacidad de proceso.* Aptitud de un proceso para obtener un producto que cumple con los requisitos para ese producto. El concepto de capacidad se aplica también a una organización o a un sistema.

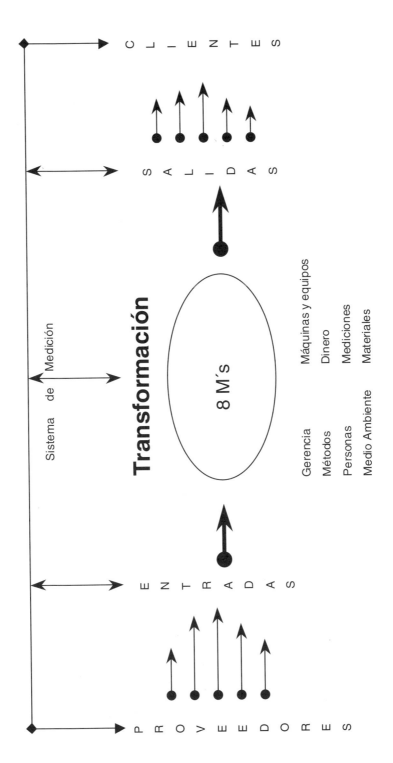

Figura 1
El concepto de proceso

- *Producto*. Es la salida de un proceso. Tal salida puede ser un bien tangible como el caso de un automóvil o un informe escrito o intangible como la entrega de conocimiento en una universidad.

- *Cliente*. Organización o persona que recibe un producto. Algunos sinónimos utilizados son: consumidor, usuario final, beneficiario, comprador, paciente, ciudadano. El cliente puede ser interno o externo a la organización.

- *Entrada*. Las entradas de un proceso son por lo general salidas de otros procesos. Las materias primas, los materiales, la información, las personas, los insumos, el dinero, entre otros, son ejemplos de entradas a un proceso.

- *Proveedor*. Organización o persona que suministra un producto. Otros sinónimos con frecuencia utilizados son: suministrador, productor, distribuidor, minorista, vendedor, prestador de un servicio. Cuando el proveedor tiene relación contractual con el cliente, usualmente se denomina contratista.

- *Indicadores o medidores*. Conjunto de mediciones realizadas al proceso para medir tanto las actividades como los resultados del proceso. Los indicadores suelen enfocarse en los aspectos de eficacia y eficiencia. El Capítulo 6 está dedicado a este tema.

Los ocho factores determinantes en un proceso

En un proceso, las entradas se transforman en salidas, interactuando como conjunto sistémico ocho factores en tal transformación.

El primer factor es el tipo de gerencia que guía el proceso. ¿Se trata de una gerencia que coloca énfasis en la cantidad o en la calidad, acompaña y brinda soporte a las personas, distingue entre causas comunes y causas especiales de variación en los resultados del proceso? ¿Cuál es el estilo predominante del gerente del proceso? Puede ser democrático, y entonces consulta la opinión de todos los involucrados en el proceso o es autocrático y las decisiones claves las toma siempre él sin consultar a nadie. También puede tratarse de un gerente *laisse-faire*, aquél que se hace el de la vista gorda y deja que pasen las cosas sin importarle las consecuencias de las acciones tomadas en el proceso. Eventualmente, puede ser un estilo situacional, combina los estilos indicados anteriormente de acuerdo con la situación presente. Alguien dijo con mucha razón que las organizaciones se parecen a sus gerentes, creo que esto también es cierto en el caso de los procesos, el estilo del gerente de un proceso tiene efecto sobre su gestión y resultados.

Otro factor que influye en la transformación es el tipo de materiales empleados, ¿el suministro es a tiempo en las cantidades y con la calidad requerida? Asimismo, las características de las personas que operan el proceso, es un factor clave, ¿se trata de novatos o personas experimentadas y con grandes conocimientos?, ¿poseen mentalidad abierta, dispuestas a desaprender lo que ya no funciona y a lograr mayores niveles de competencia y conocimiento profesional y personal o se trata de personas que no tienen un incentivo diferente al de cumplir bien sus funciones y esperan retirarse pronto?

Un cuarto factor son los métodos de trabajo aplicados en el proceso, esto es, las prácticas aplicadas para realizar el proceso, el cómo se hace. Los métodos tienen que ver con los procedimientos establecidos, las instrucciones, las políticas, el *know-how* aplicado en el proceso.

Otros factores presentes en todo proceso son las máquinas o equipos utilizados y el medio ambiente que lo rodea. Es posible que el proceso se haga manualmente, sin la ayuda de ninguna máquina o equipo mecánico o electrónico, pero sin duda, la era de las telecomunicaciones y la informática hará que los procesos manuales sean cada vez más una rareza. Cuando se habla de medio ambiente en procesos, no se limita el concepto a la conservación del aire y el agua, incluye también y con prelación el clima organizacional que se vive en el proceso, las condiciones de salud ocupacional en que las personas ejecutan el trabajo dentro del proceso, tales como nivel de ruido, iluminación, temperatura, en general los aspectos ergonómicos y de riesgos profesionales son parte de ese factor denominado medio ambiente.

El factor económico es otro factor determinante en la transformación, el dinero, los recursos con que se cuenta en el proceso y, por último, pero no lo menos importante, el sistema utilizado para medir los resultados del proceso, la satisfacción del cliente, la eficiencia de las actividades, las entradas y a los proveedores.

Son ocho factores que intervienen una y otra vez en cualquier tipo de proceso, se conocen como las ocho emes, porque en inglés cada uno de estos factores se escribe con la letra eme (*management, materials, methods, manpower, machines, environmental media, money, measurements*).

Una última reflexión: todo trabajo realizado en una organización es un proceso.

Capítulo 2. EL DESPLIEGUE DE POLÍTICAS Y LOS PROCESOS

¿Cómo unir la estrategia de la organización con los procesos que se desarrollan a su interior? Ese hilo conductor que conduce al establecimiento de los procesos en la organización se denomina despliegue de políticas.

El término que propuse de *planeación estratégica de la calidad total,* con el lanzamiento del libro que escribí acerca del mismo tema, pretende establecer una metodología pragmática que una los procesos gerenciales de planeación estratégica y gerencia de la calidad total dentro del marco filosófico de la calidad total.

La definición que di a planeación estratégica de la calidad total fue "el proceso gerencial dedicado al cumplimiento de la misión, la visión y la política de calidad total de la organización, concentrando y desplegando los recursos a su disposición para resolver problemas críticos de calidad y mejorar el desempeño en áreas estratégicas con el objetivo de fascinar al cliente externo, dentro del portafolio de productos definido".

Hoshin-kanri

En dicho proceso juega papel importante el despliegue de la política o el llamado por los japoneses *hoshin-kanri*. En este capítulo pretendo mostrar qué se puede hacer y cómo hacerlo para desplegar la política, desde el establecimiento del rumbo estratégico hasta la identificación y clasificación de los procesos, este último aspecto que será tema del capítulo tercero.

Encuentro cierta dificultad en los gerentes para entender los conceptos involucrados en el *hoshin-kanri*, tratando de aclarar la raíz del problema conjuntamente, hemos concluido que la dificultad nace por la ausencia de definiciones nítidas en la jerigonza utilizada.

Trataré entonces de explicar el significado de los términos más utilizados.

HOSHIN-KANRI. Hoshin tiene su significado en la palabra japonesa *heiho* que está compuesta de dos caracteres chinos: *hei* que significa soldado y *ho* que significa método o manera. El término hoshin combina *ho* con *shin*, que significa compás brillante o aguja iluminada para encontrar dirección en la oscuridad[1].

Kanri significa sistema de control o método gerencial.

En consecuencia, el término hoshin-kanri significa un método gerencial para establecer dirección estratégica. En Occidente se ha traducido el término como despliegue de política (*policy deployment,* en inglés) y se concibe como un medio sistemático de planear, implantar y revisar el cambio organizacional, concentrándose en planear y verificar los mejoramientos claves y administrar el trabajo diario de hacer y actuar, esto es, administrar los procesos, de acuerdo con la organización como un todo.

Hoshin-Kanri se le conoce también en español como administración por políticas, denominación que personalmente encuentro desafortunada, pues lleva a muchos a pensar en que ésta es otra de las administraciones por ..., como lo han sido la administración por objetivos, la administración participativa, la administración por observación caminante, la administración por procesos, etc., perdiendo de esta manera su esencia y valor.

De otro lado, el despliegue de política se fundamenta en la filosofía de la calidad total y, a mi juicio, tiene sentido cuando está enmarcada en ella. Sugiero entonces, entender el despliegue de políticas como parte de un sistema integral de planeación y gerencia que busca mejorar la calidad, la productividad y la competitividad de la organización, es decir, es una parte de la filosofía, la estrategia y el sistema que se ha denominado calidad total.

Rumbo estratégico

El punto de partida para cualquier organización que desee construir una cultura de calidad total, es la definición de su rumbo estratégico. Por esto quiero decir una definición clara, concisa y amplia de su misión, el establecimiento de su visión de futuro y la declaración de los principios y valores en los que fundamenta su gestión.

---

[1] Cuando estudié en Japón su movimiento de calidad, aprendí el significado y metodología del *hoshin-kanri* de los propios autores japoneses.

La Figura 2 muestra el significado del concepto de rumbo estratégico de una organización. En mi opinión son tres elementos esenciales, cada uno de ellos con un propósito muy definido, independientes pero complementarios entre sí.

Figura 2
Rumbo estratégico

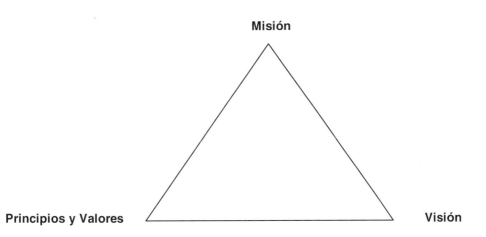

Misión

La misión es la declaración formal de la alta gerencia de una organización donde se establece para qué existe la misma, cuál es su propósito fundamental, su razón de ser, indicando en detalle quiénes son sus clientes, productos (bienes y servicios) ofrecidos, sus mercados geográficos de interés, la filosofía administrativa que promueve, la tecnología que usa, la imagen que tiene de sí misma.

En otras palabras, con la misión se responde las preguntas básicas ¿para qué existe esta organización? y ¿quiénes somos?

Visión

La visión es el estado futuro deseado para la organización en el largo plazo, p. ej. en una década. Define claramente a dónde se quiere llegar como organización, cuál es el reto y los asuntos de interés estratégico para orientar y fijar el alcance de la organización a largo plazo. Pero ese sueño para ser eficaz debe ir acompañado de un plan estratégico de mejoramiento y de un plan operativo. Como tampoco es eficaz tener un plan de acción sin haber definido la visión, pues carece de sentido y orientación estratégica.

Principios y valores

El tercer elemento del rumbo estratégico es la promulgación de los principios y valores sobre los que la alta gerencia considera que debe basarse la gestión de todos los colaboradores en una organización. No es suficiente con una misión y una visión, sin tener definidos los principios y valores, pues se corre el peligro de establecer un mapa del camino inmoral y poco ético.

Es común confundir unos con otros. Los principios son leyes naturales, verdades profundas y objetivas, inquebrantables, externas a las personas, que permiten establecer si una acción fue correcta o incorrecta. Los diez mandamientos, los derechos humanos son principios.

De otro lado, los valores son de carácter subjetivo, pertenecen al interior de las personas. Con ellos se pretende introyectar prácticas, esto es, integrar hábitos a la conducta de la gente. Por ejemplo, la calidad, la honestidad y la puntualidad, son valores.

Los principios y valores establecen entonces la rectitud de nuestras intenciones y definen una brújula específica de cuáles son las conductas valoradas en las personas que pertenecen a una organización en particular.

Área estratégica

Son aspectos fundamentales sobre los que la organización debe concentrar sus recursos para alcanzar su visión de futuro y cumplir con su misión. Las áreas estratégicas establecen los campos de acción sobre los que se debe enfocar los esfuerzos y recursos de toda la organización y en los que la administración debe mostrar resultados concretos.

Las áreas estratégicas se definen como factores claves de éxito, competencias críticas por desarrollar o necesidades de mejoramiento en los que se debe enfocar para avanzar hacia el logro de su visión de futuro y poder fundamentar y sostener una ventaja competitiva a largo plazo.

Un factor clave de éxito es un atributo que una organización debe poseer o actividades que debe ejecutar muy bien para sobrevivir y prosperar. Ejemplos: agilidad en el servicio, gerencia de procesos, desarrollo telemático, calidad humana en la atención, desarrollo humano de sus colaboradores, inteligencia de mercados, etc.

Las competencias críticas son capacidades o habilidades claves que su organización debe desarrollar y adoptar a mediano plazo, en los próximos tres a cinco años. Estas competencias se encuentran usualmente en procesos de todo tipo: calidad total, informática, logística, servicios de apoyo, diseño del portafolio de productos y servicios, selección de personal, gerencia de recursos financieros, educación, capacitación y entrenamiento, etc.

Las necesidades de mejoramiento son aspectos que se deben mejorar en relación con la situación actual. Ejemplos: trabajo en equipo, manejo de inventarios, medición de la satisfacción de los clientes, orientación e información al usuario, compra de materiales y equipos, gestión de costos, etc.

La aplicación pragmática que hemos hecho con varias organizaciones practicantes de la teoría, nos enseña y reafirma en la necesidad de trabajar un número pequeño de áreas estratégicas a la vez, siete u ocho. Caso contrario, se dispersa la atención de las personas y la asignación de recursos con los consecuentes despilfarros y pérdida de efectividad organizacional por no atender exclusivamente las áreas verdaderamente estratégicas, críticas para alcanzar el éxito y competitividad.

Política estratégica

En el lenguaje del despliegue de políticas, se entiende por política el objetivo que se desea alcanzar y los medios que se van a utilizar para lograrlo.

Dentro del modelo propuesto, la definición de una política estratégica es muy concreta y clara: es el conjunto de un objetivo vital y las estrategias o medios vitales para lograrlo.

Para cada área estratégica, se pueden definir una o más políticas estratégicas. De tal manera que las políticas estratégicas son un espejo de las áreas estratégicas.

El conjunto de políticas estratégicas es lo que denomino "plan estratégico de mejoramiento". El alcance de este plan es a mediano plazo, proyectado al finalizar los próximos tres o cuatro años.

Figura 3
Despliegue de políticas

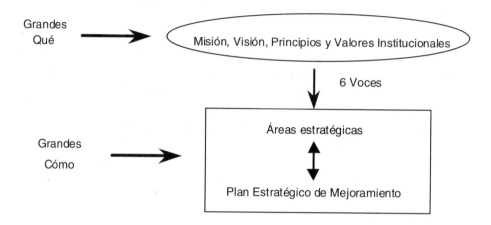

Un objetivo vital es un resultado concreto por lograr a mediano plazo, su alcance en el tiempo es intermedio, al finalizar el horizonte del plan estratégico de mejoramiento. Es importante recordar que un objetivo no se debe confundir con proyectos, actividades, acciones o tareas a realizar, que pueden o no llevar a resultados determinados, y que un objetivo debe ser posible de medir, y ser retador para la organización.

Un ejemplo de objetivo vital sería: al finalizar los próximos cuatro años, tener en operación un sistema de medición del nivel de satisfacción de nuestros clientes, en todos nuestros productos y mercados.

Los medios vitales o estrategias vitales son los *cómo* concretos para lograr los objetivos vitales. Indican la forma como se ha de lograr cada uno de ellos. Estas estrategias se enfocan, en primer lugar, en los pocos procesos y sistemas organizacionales que involucran a toda la organización para agregar valor al cliente externo.

Como se muestra en la Figura 4, una estrategia vital para el objetivo indicado anteriormente sería enfocarse en el diseño de un proceso de escucha de la voz del cliente. Otro medio vital sería realizar un proceso de referencia competitiva para aprender de la organización que se distingue por tener el mejor proceso de medición de la satisfacción de sus clientes. Una tercera estrategia puede ser la capacitación y entrenamiento de las personas que operen el proceso.

Figura 4
Política estratégica

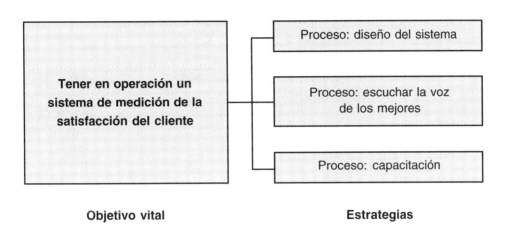

Objetivo vital   Estrategias

En el establecimiento del plan estratégico de mejoramiento se debe establecer quién es el responsable por el desarrollo de cada área estratégica. Esa persona deberá rendir cuentas de su gestión, por lo que debe poseer la autoridad y autonomía necesarias para poder comprometer y asignar los recursos que sean necesarios para la ejecución del área estratégica bajo su responsabilidad.

Asimismo, el plan estratégico de mejoramiento debe establecer los indicadores específicos que se utilizarán para medir el cumplimiento de los objetivos esperados.

Plan operativo

El paso final consiste en fijar prioridades en las estrategias vitales con el propósito de determinar sobre cuáles se enfocarán los esfuerzos y recursos para avanzar en el corto plazo, por lo general, en los próximos doce meses, hacia el logro del objetivo vital.

Esto conduce a la definición de las acciones, tareas, proyectos específicos por desarrollar, lo que en conjunto conforma el plan operativo de mejoramiento.

Siguiendo con el ejemplo, la prioridad podría ser el diseño de un proceso de medición de la satisfacción del cliente. Esta estrategia vital, se convierte entonces en un objetivo de corto plazo, por ejemplo debe estar diseñado el proceso en los próximos doce meses. Nuevamente se pregunta cómo alcanzar este objetivo operacional. Las respuestas a esa pregunta nos llevan a establecer tácticas operacionales, que no son otra cosa distinta que precisar las acciones a ejecutar. Véase la Figura 5.

Siguiendo con el ejemplo, las acciones pueden ser: identificar los criterios claves de compra de los clientes. Estudiar las diferentes formas como se puede escuchar la voz de los clientes. Oír propuestas de expertos en la aplicación de este proceso en las organizaciones. Seleccionar el método apropiado para medir la satisfacción de los clientes.

Figura 5
Plan operativo o de acción

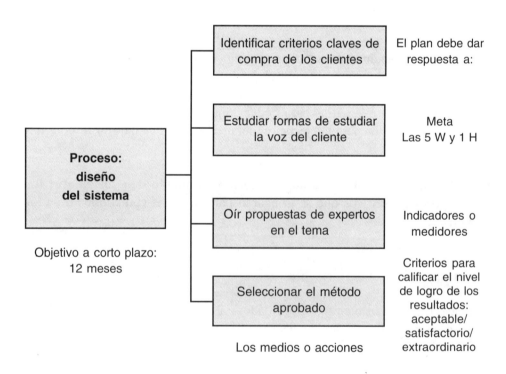

Un plan operativo o plan de acción a corto plazo, por lo general, provee respuestas específicas acerca de:

1. La meta que debe alcanzarse al finalizar el plazo (en 12 meses), entendida como la medida que permite evaluar el objetivo operacional previsto por lograr. Para que tenga sentido la meta debe expresarse en cifras absolutas o relativas, por ejemplo, evaluar 150 proveedores o reducir en 80% las facturas con errores.

2. Las 5W y 1H, esto es, establece *qué* acciones se van a seguir para alcanzar la meta; el *porqué* o justificación de adelantar dichas acciones, colocando en ejecución las estrategias vitales establecidas; *cuándo* se ejecutarán las acciones, precisando el período de ejecución y, por tanto, la fecha última o plazo para terminar con cada acción; *quién* o quiénes tienen la responsabilidad por el desarrollo de cada acción acordada, con indicación exacta del nombre de las personas responsables, no del cargo de ellas; *dónde* se llevará a cabo cada acción; y *cómo* se hará, es decir, indicación del procedimiento a seguir. El *cuánto* está definido en el objetivo o meta por lograr. Nuevamente tenemos aquí la influencia del inglés, ya que las cinco primeras preguntas se escriben con W y la última con H en ese idioma.

3. Los indicadores o medidores específicos que se van a utilizar para medir el cumplimiento de la meta, presentando una descripción específica de cada uno de ellos, la unidad de medida utilizada y la periodicidad con que se efectuará la medición del indicador.

Finalmente, en el plan operativo se pueden definir unos criterios para calificar el nivel de logro que se alcance en cada meta. Por ejemplo, se puede establecer un par de categorías, inferior y superior, como se indica en el Cuadro 1.

Cuadro 1

Indicadores	Unidad	Inferior	Superior	Meta	Resultado
Disponibilidad del servicio	%	98.3	99.5	99.3	99.4
Ejecución plan de inversiones	%	80	100	100	96.8
Rotación cuentas por cobrar	Días	60	30	35	33

Otra posibilidad es definir tres grados de cumplimiento para cada meta: aceptable, satisfactorio y extraordinario. Por ejemplo, si el indicador es el porcentaje de ejecución presupuestal ($ ejecutados/$ en presupuesto) y se ha establecido como meta, ejecutar el 98% del presupuesto de operación. Un nivel de meta aceptable podría ser 95%, satisfactorio 97% y extraordinario 99%.

De esta manera, se pretende reconocer la flexibilidad y variabilidad en el logro de una meta, donde pueden influir factores externos, fuera del control de los responsables.

Metodología del despliegue de políticas

El despliegue de políticas involucra tres dimensiones que deben estar integradas: alineamiento horizontal, alineamiento vertical y tiempo.

A continuación vamos a recorrer en detalle cada una de ellas para entender cómo operan.

Alineamiento horizontal

La primera dimensión es el alineamiento horizontal requerido para el trabajo en equipo interdepartamental, es la urdimbre del tejido organizacional y aspecto fundamental para lograr una gerencia integral. La responsabilidad de tal alineamiento recae en el consejo de calidad y desde allí se dirige profundamente a toda la organización.

El reto para los altos directivos consiste en utilizar un método sistemático que le permita, como ente colegiado de dirección (consejo de calidad), alinear su conducta y actividades diarias con la visión de trabajo en equipo interfuncional.

No obstante, con frecuencia los ejecutivos siguen concentrándose en el trabajo de carácter funcional, ya que se sigue midiendo y evaluando el desempeño con base en criterios centrados en el paradigma de la estructura organizacional, donde lo esencial es "mi área, mi departamento", no en entender cómo se realiza el trabajo a lo largo y ancho de cualquier estructura y enfocarse en liderar la gerencia de tales procesos de trabajo para cumplir la misión de la organización y avanzar hacia el logro de su visión de futuro. Lo anterior es válido no sólo a nivel de la alta gerencia, sino a lo largo de todos los niveles gerenciales de la estructura. Encuentro que este es el paradigma más arraigado y el más urgente e importante de cambiar para enfocarse en la gerencia de procesos.

En este sentido, además de brindar formación a todos los colaboradores de una organización en gerencia de procesos y por supuesto aplicarla a todos los procesos de la organización, recomiendo establecer un sistema de reconocimientos, que no tiene ninguna relación con el aspecto salarial de los colaboradores, con el propósito de premiar el esfuerzo y los resultados obtenidos por las personas en la aplicación pragmática de la filosofía de la calidad total en sus lugares de trabajo, ya sea fruto del trabajo individual o de equipos humanos, donde se premie el enfoque en procesos, la escucha de la voz del cliente, la aplicación específica de técnicas básicas y de planeación y gerencia para lograr el mejoramiento de los procesos, el trabajo en equipo y los resultados obtenidos.

El sistema de reconocimientos combinado con un sistema inteligente de revisión del desarrollo individual y del desempeño, pero con características muy diferentes a las establecidas por la ortodoxia[2], que premie y castigue a los gerentes cuando como resultado de su gestión agregan o destruyen valor económico a la organización, cumpliendo también con las metas no económicas, definidas en cada política estratégica, son la mejor manera conocida hasta el momento para romper con el paradigma mencionado de buscar el lucimiento individual y la búsqueda de metas individuales, personales o departamentales, en detrimento de los objetivos vitales de la organización.

En planeación estratégica de la calidad total se hace énfasis en el principio de tomar decisiones con base en hechos e información como una manera eficaz para que los gerentes amplíen su panorama y se involucren en un diálogo productivo acerca de los procesos organizacionales, que están más allá del alcance de la responsabilidad de una sola gerencia.

A nivel de alta gerencia, los objetivos vitales estratégicos (*hoshin*) que requieren un cambio de mentalidad o de paradigmas, implican trabajar en procesos organizacionales. Son aquellas áreas estratégicas donde se debe ce-

---

[2] Para una explicación detallada véase el Capítulo 5 "El talento humano y la calidad total" en mi libro *Planeación estratégica de la calidad total*, Tercer Mundo Editores, 2a. edición, 2000.

rrar la brecha en relación con los competidores más fuertes o se desea establecer un nuevo punto de referencia en factores claves de éxito que establezcan una ventaja competitiva para la organización. Se trata de hacer mejoramiento mediante trabajo en equipo interdisciplinario.

La idea es, entonces, identificar y acordar en el consejo de calidad los procesos organizacionales, aquéllos que agregan valor a los ojos del cliente externo e involucran el trabajo de toda la estructura o de varias unidades funcionales tradicionales. El consejo de calidad tiene la responsabilidad última de tales procesos. Operativamente delega la responsabilidad en alguno de sus integrantes, pero todos comparten la responsabilidad por lograr los resultados.

Alineamiento vertical

La segunda dimensión es el alineamiento vertical, la trama del tejido, el trabajo en equipo intradepartamental. El despliegue de política se concentra en esta dimensión en los procesos funcionales, o sea, en procesos que se realizan íntegramente dentro de una misma área funcional y que, por lo general, agregan valor a los clientes internos y con responsabilidad de la gerencia media, aplicando mejoramiento ya sea a pequeña escala, continuado (*kaizen*) o a través de innovación, operando equipos de mejoramiento intradepartamentales.

El alineamiento de los objetivos y medios, tanto vitales como operacionales, en el interior de cada nivel como el alineamiento entre niveles, se logra a través de un proceso que los japoneses denominaron *catchball* –agarrar el balón (el nombre proviene de un juego infantil en el que niños de pie formando un círculo se pasan una pelota de uno a otro)–. En despliegue de políticas, agarrar el balón es un proceso de diálogo y toma de decisión a lo largo y ancho de la estructura de la organización, basándose en hechos e información.

Por ejemplo, si el consejo de calidad define que un objetivo vital es lograr 100% de despachos a tiempo de los pedidos, entonces debe discutirse al interior del consejo qué departamentos deben participar activamente en un equipo de mejoramiento interfuncional para obtener el mejoramiento del proceso planteado, bajo la responsabilidad de uno de los miembros del consejo, convirtiéndose en dueño del proceso. Este responsable definirá quiénes integrarán su equipo de trabajo y establecerá con ellos los medios vitales para lograr ese objetivo así como los indicadores que utilizarán. Un responsable con tales características tiene la autoridad y autonomía para comprometer a las personas y recursos en el desarrollo de esta política estratégica. Este responsable de proceso organizacional, integrante del consejo, debe rendir cuentas de su gestión al consejo de calidad y al ejecutivo de más alto rango en la organización.

Luego, cada alto ejecutivo agarra el balón y con sus gerentes determina qué objetivos vitales tienen relación directa con su área, tomando como punto de partida los medios vitales definidos a nivel corporativo. Recuerde que los *cómo* de un nivel se transforman el los *qué* del siguiente.

Posteriormente, la gerencia media agarra el balón y con sus colaboradores acuerdan, a este nivel, establecen planes de acción específicos, concentrándose en los procesos y sistemas claves dentro del departamento, definiendo proyectos concretos, actividades y tareas bajo la responsabilidad de los integrantes de ese departamento en particular. Es entonces cuando entran en acción los diferentes tipos de equipos humanos de trabajo que son apoderados para manejar y establecer sus propias actividades.

De esta manera, se logra un alineamiento vertical de toda la estructura con el plan estratégico de mejoramiento.

Es importante entender que el despliegue de políticas no es un proceso de una sola vía, de arriba hacia abajo. El balón también rebota y sube. Entonces, los diferentes equipos, en toda la organización, a través de revisiones periódicas inician el agarre de la pelota con sus gerentes para aquellos procesos que no se están desempeñando como se esperaba. Es aquí donde cobra toda su importancia el sistema de indicadores o de medidores a través del cual se mide el avance en el mejoramiento de los procesos y el despliegue de políticas en sí mismo. Para una explicación detallada sobre indicadores y medidores véase el Capítulo 6.

De igual manera ocurre entre los gerentes funcionales y la alta gerencia, ya que los primeros están en contacto directo con procesos que afectan al cliente externo y sustentados en hechos e información confiable pueden generar el agarre del balón para la alta gerencia.

El proceso de diálogos, moviéndose hacia arriba y hacia abajo en la organización, se denomina *sureawashe* en las empresas japonesas. La palabra significa afilar la hoja de una espada contra una piedra fina. Mediante la fricción generada en el proceso de afilamiento, pequeños pedazos de piedra se pierden y la hoja del sable se compara entonces contra el patrón. El proceso se repite hasta que el ángulo sea el correcto. Simplemente, se trata de estar en forma, afilando la espada, esto es, el despliegue y repliegue de políticas, hasta volverlo parte de la cultura organizacional.

Desde el punto de vista práctico, por cada objetivo se recomienda establecer un número limitado de estrategias, cuatro o cinco medios son suficientes. Es preciso aplicar el principio de Pareto, véase en el Capítulo 9 una explicación de esta técnica. En las organizaciones donde se practica el hoshin-kanri no se trabaja con más de siete u ocho objetivos vitales simultáneamente.

El tiempo

La tercera dimensión es el tiempo. El alineamiento de los objetivos acordados, los procesos involucrados y los resultados que finalmente se obtienen a través del tiempo, es un proceso de evaluación sistemática del consejo de calidad que cobija toda la organización. Los resultados se comparan con un análisis de la tendencia del progreso a la fecha de evaluación y se miran en el contexto de las prioridades de la empresa y de la información obtenida externamente del cliente y de los competidores. Este es el proceso que he llamado "escuchar las seis voces", la voz del cliente, de la comunidad, de los dueños, de los empleados, de los procesos y la de los mejores[3].

La propuesta es trabajar con un plan de corto plazo, con objetivos y medios operacionales que son establecidos cada año de acuerdo con la revisión gerencial del plan estratégico, dándole prioridad a ciertos objetivos vitales dentro del conjunto de los que se hayan definido en el plan estratégico de mejoramiento.

Es clave para el éxito del despliegue de política contar con un conjunto de indicadores de gestión para toda la organización contra los que se mide el progreso obtenido y los resultados de gestión de toda la empresa son compartidos abiertamente. Otro factor clave de éxito es la formación que haya recibido toda la organización en modelo de mejoramiento de la calidad, de tal manera que se hable un sólo lenguaje y se aplique la misma metodología para mejorar procesos, sistemas, productos y servicios.

Revisiones periódicas

Los equipos humanos de trabajo realizan seguimiento continuo a sus progresos, mientras que los gerentes funcionales pueden revisar cada mes el desplie-

---

3 Una descripción detallada de las seis voces, se encuentra en el Capítulo 3 de mi libro *Planeación estratégica de la calidad total, op. cit.*

gue de política. La "revisión presidencial" es el seguimiento que debe realizar la cabeza de la organización, llámese presidente, gerente general, director, a todo el proceso de despliegue de la política, la frecuencia ideal es cada año, eventualmente cada semestre. El comportamiento aquí es diferente a la auditoría tradicional, ante todo los altos directivos deben preguntar ¿qué más podemos hacer nosotros para ayudarles a hacer mejor su trabajo y cuáles recursos debemos proporcionar en mayor extensión o adicionalmente para lograr el cumplimiento de las políticas? y despreocuparse del todo por encontrar el culpable cuando no se dan los resultados. Sin embargo, debe ser muy claro para todos que una vez estén dados los medios o recursos, se exigirán resultados inflexiblemente.

Asimismo, el consejo de calidad debería hacer una evaluación anual del proceso global de planeación estratégica de la calidad total. Con la información referente al año por terminar, deben revisarse los resultados obtenidos y adelantar un análisis detallado de los logros, las acciones seguidas y los problemas que ocurrieron durante el año, para tomar acciones correctivas y preventivas en el siguiente ciclo de planeación y gestión.

La revisión del consejo asegura que los nuevos objetivos estarán basados en un entendimiento mayor acerca de las capacidades actuales de la organización y de sus oportunidades de mejora de acuerdo con la escucha sistemática de las seis voces. Así se cierra el ciclo de planeación y gerencia, para emprender al inicio del siguiente año el plan estratégico y el plan operativo, revisados.

Tales revisiones permiten a todos enriquecer sus conocimientos y habilidades como gerentes y mejorar continuamente su entendimiento de lo que significa la gerencia de una organización con calidad total a través de experiencias personales, además de establecer claramente en qué estado se encuentra la organización.

¿Por qué la mayoría de las organizaciones fracasan en ejecutar sus planes estratégicos y operativos, tan bien diseñados y presentados con tanta gala a toda la estructura organizacional? He jugado los cuatro papeles dentro del proceso: director de planeación, ejecutor de planes, profesor universitario y asesor empresarial en el tema. Para quienes disfrutamos aprendiendo de éste, es una pregunta apasionante a la que he encontrado básicamente dos respuestas.

Iniciando el siglo XXI, se reconoce mundialmente que planear y establecer una estrategia corporativa y contar con un sistema de gerencia integral, enfocado en mejorar los procesos críticos, es clave para obtener éxito. La academia ha prestado mucha atención al tema y se enseña profusamente cómo estructurar una estrategia y desarrollar un plan estratégico y las organizaciones han tratado de aplicar este conocimiento.

¿La raíz de los fracasos radica en la pobre investigación del entorno o del análisis de situación de la organización? ¿O será las malas habilidades de planeación de los gerentes? ¿O quizás comunicación inadecuada de las políticas (objetivos y estrategias)? ¿O debe achacarse los pobres resultados a una falta de motivación de las personas? ¿O a que el centro acapara la planeación? Éstas y otras han sido identificadas usualmente como las causas del mal. Sin embargo, de acuerdo con mi experiencia, ninguna de éstas es la respuesta correcta.

Las organizaciones que obtienen resultados con sus planes estratégicos y operativos de mejoramiento son aquéllas donde el acompañamiento en la ejecución del plan y la revisión sistemática de los gerentes a través del horizonte del plan son hábitos practicados rutinariamente.

Es común dejar que la oficina de planeación integre el plan estratégico y solicite los planes de acción a todas las dependencias para editar el documento pertinente. Lo grave es que ahí termina su responsabilidad. Lo que se requiere, por el contrario, es que allí se inicie el proceso, lo que las personas están necesitando es que los acompañen en la etapa de implantación del plan, en el proceso de elaboración y ejecución de sus planes operativos, enseñándoles la metodología, aclarándoles dudas, mostrándoles ejemplos y apoyándolos en sus iniciativas a lo largo del plan. Este papel de facilitador, de profesor está descuidado totalmente en las organizaciones que fracasan en la ejecución de sus planes.

De otro lado, los gerentes en toda la estructura organizacional dejan que el plan duerma el sueño de los justos y esperan que los resultados se den por germinación espontánea. No realizan revisiones. Este es el otro talón de Aquiles. Las revisiones son una fuerza positiva de transformación en la organización porque proveen varios beneficios: refuerzan las prioridades y el rendimiento de cuentas, proveen dirección y apoyo a todos, alinean las actividades, muestran liderazgo y apoyo visible, establecen reconocimiento a los esfuerzos de mejora y entregan información a los gerentes para aprender y mejorar la planeación, definiendo qué recursos adicionales deben asignar y cómo pueden ayudar a las personas para que se den los resultados.

Pero, quizás el mayor beneficio de las revisiones gerenciales es que mantienen a la gerencia y a los colaboradores con el ojo puesto en la meta y en el proceso que se está desarrollando para alcanzarla. Cuando los gerentes establecen el plan y no se involucran en su implantación, dejando que él y su grupo le den atención y recursos a realizar un trabajo diferente al planeado, entonces viene el fracaso. Las revisiones permiten mantener el rumbo nítidamente.

Efectuar las revisiones no es nada complicado de hacer. Si bien existen algunas técnicas para ser más efectivos con ellas, en general, cualquier gerente está capacitado para hacer una revisión del plan estratégico y del plan operativo sin necesidad de recibir asesoría. El problema es que no las hacen porque no valoran su importancia y porque no existe la exigencia de la alta gerencia de llevarlas a cabo, porque tampoco los directivos las realizan.

Capítulo 3. IDENTIFICACIÓN Y CLASIFICACIÓN DE PROCESOS

Cualquier organización consiste en procesos. Los procesos son lo que las organizaciones hacen en sus actividades naturales. El problema es que tales actividades en las organizaciones que no trabajan por procesos, se encuentran fragmentadas y escondidas detrás de sus estructuras organizacionales.

Identificación de procesos

Las fuentes primarias para identificar los procesos que se deben desarrollar en una organización son las declaraciones de su misión y de su visión de futuro. Los procesos originados en la misión, de su razón de ser, se les ha denominado procesos misionales y por afinidad conceptual aquéllos que deberían desarrollarse para lograr la visión de futuro, los podemos denominar procesos visionarios.

Los procesos misionales establecen los procesos básicos en los que la organización debe trabajar, ya que en ella se indica quiénes son los clientes a los que se ha decidido servir, con qué productos, en qué mercados geográficos, con qué tecnología, basado en una filosofía de administración específica, con una imagen corporativa deseable, acorde con otra directriz del rumbo estratégico indicado en el capítulo segundo, los principios y valores corporativos.

Sin embargo, la identificación de los procesos misionales no completa el cuadro de procesos, es necesario identificar qué procesos están relacionados con la visión de futuro. Los procesos visionarios indican en cuáles factores críticos de éxito, competencias claves o necesidades de mejoramiento debe trabajar la organización a mediano y largo plazo, y tales procesos no están necesariamente esbozados en la misión.

Los procesos misionales y visionarios nos indican cuáles son los pocos procesos vitales sobre los que se apoya la organización y en los cuales la gerencia debe colocar toda su atención, concentrándose en su mejoramiento para lograr competitividad.

La identificación y clasificación de los procesos implica entender la existencia de dos grandes clases de procesos, sean éstos de carácter misional o visionario. Ellos son procesos organizacionales o procesos funcionales. Los procesos organizacionales implican trabajo en equipo interfuncional, crítico para el éxito de la organización. Los procesos funcionales son todos aquellos bajo el control de un área o función, que requieren trabajo en equipo intrafuncional y que pueden ser cambiados a su interior.

Es a través del despliegue de políticas que se establecen las políticas estratégicas (objetivos vitales y estrategias) de la organización y donde los procesos organizacionales que las soportan son identificados y se les asigna prioridad.

La identificación de los procesos requiere, en primer lugar, acordar un entendimiento común acerca de los procesos generales, en los que trabaja la organización. Esto puede hacerse analizando cómo se maneja el cliente desde que entra hasta que sale en sus interacciones con la organización o cómo se entregan los productos desde su diseño hasta que llega el bien a manos del consumidor o se presta el servicio al cliente. Se trata de construir un mapa general de los procesos, con una visión panorámica de los mismos.

Este mapa de procesos puede construirse describiendo el trabajo que se realiza de principio a fin en cada gerencia funcional, con base en la estructura tradicional existente, dibujándolo en un diagrama de flujo.

Alternativamente, utilizando otro método, la estructura funcional tradicional se omite por completo y se describe el flujo lógico del trabajo en toda la organización, dibujando la progresión lógica de desarrollar y producir bienes o servicios y entregarlos al usuario o cliente, esto es lo que se conoce como modelaje de los procesos.

Un ejemplo se muestra en la Figura 6. Nótese cómo se presenta en forma panorámica en qué consiste un proceso de hospitalización. En el diagrama se indican las actividades principales que lo constituyen o subprocesos, la interrelación entre ellos, siguiendo el manejo del paciente desde que solicita ser internado hasta que es recibido en la habitación.

Cada uno de los subprocesos puede ser dividido en actividades aún más detalladas.

Tener mapas de procesos permite mostrar cómo fluye el trabajo a través de la organización, presentando con simplicidad cuáles son los principales

Figura 6
Vista panorámica de un proceso de hospitalización

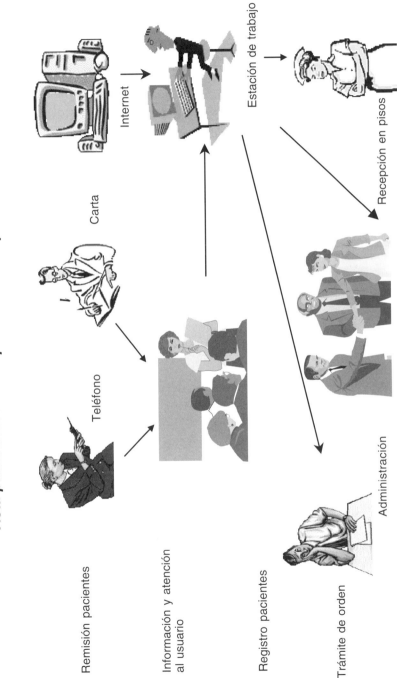

procesos en que se trabaja, cada uno de ellos convirtiendo entradas en resultados, proveyendo una gráfico claro y completo del trabajo.

Se puede hablar, entonces, de megaprocesos o macroprocesos para referirse a los principales procesos que realiza una organización, en el sentido de las pocas actividades esenciales para cumplir con su misión y avanzar hacia su visión de futuro. Toda organización requiere identificar los procesos claves que realiza o debería realizar. No obstante que las actividades desarrolladas en cada proceso clave son específicas en cada organización e influenciadas por el sector de actividad donde opera, sus procesos pueden ser similares a los utilizados por otras organizaciones.

Cualquier organización exitosa necesita obtener un entendimiento preciso de los mercados y clientes, usuarios o consumidores a quienes desea o tiene que servir. Con base en tal conocimiento debe convertir los requerimientos del mercado en una estrategia corporativa que identifique productos y servicios que se van a ofrecer, diseñando entonces tales productos y servicios. Finalmente, el producto debe ser producido y entregado o el servicio debe ser prestado. Cada uno de los pasos anteriores requiere un proceso. Adicionalmente se requieren en una organización otros procesos para desarrollar el talento humano y gerenciar los recursos de todo tipo a disposición de la organización.

El objetivo en esta primera etapa de identificación es obtener un acuerdo sobre un conjunto definido de procesos organizacionales, en términos de cuáles son, cómo están descritos, cuántos son, quiénes intervienen en ellos, cuál es la relación entre ellos.

El Cuadro 2 presenta los 13 procesos principales, que es el número máximo de megaprocesos normalmente requeridos en una organización. Cada uno de ellos está subdividido en subprocesos más detallados. Se puede hacer entonces un análisis de actividades e identificar las interrelaciones entre todos los megaprocesos en la organización. El "pegamento" o interfases entre las actividades son los puntos en los que una parte de la empresa depende de la salida de otra unidad como entrada para realizar su proceso. Estas interrelaciones crean los clientes internos en la organización.

La organización entonces, como un todo, es un conjunto estructurado de procesos, establecidos para fascinar a los clientes externos con los productos (bienes y servicios) ofrecidos.

Cuadro 2
Megaprocesos en una organización

- **Procesos gerenciales**
  Estrategia corporativa
  Manejo de relaciones externas
  Transformación de la cultura organizacional

- **Procesos operativos**
  Entender los mercados y clientes
  Diseñar el portafolio
  Comercializar y vender
  Manufacturar y entregar (industrias)
  Operar y prestar el servicio (empresas de servicios)
  Servicio a clientes externos

- **Procesos de soporte**
  Desarrollo del talento humano
  Sistema de información
  Gestión ambiental
  Sistema financiero y recursos físicos

Clasificación de los procesos

Una vez se han identificado los procesos principales, la segunda actividad es su clasificación de acuerdo con el mapa general de los mismos. Esto se puede hacer desagregando cada proceso principal en los subprocesos que lo constituyen, detallándolo, utilizando el procedimiento de cascada.

Así por ejemplo, si se toma el proceso principal de entender los mercados y clientes, se podría tener la siguiente clasificación.

Proceso: entender mercados y clientes

Subprocesos:

Determinar necesidades y expectativas de los clientes
  Efectuar evaluaciones cualitativas
    Realizar entrevistas individuales
    Conducir grupos foco

Efectuar evaluaciones cuantitativas
    Diseñar e implantar encuestas
Predecir comportamiento de compra del consumidor

Medir la satisfacción de los clientes
    Monitorear satisfacción con productos y servicios
    Monitorear satisfacción con resolución de quejas
    Monitorear satisfacción con comunicaciones

Evaluar cambios en el mercado o en los requerimientos del cliente
    Determinar debilidades en la oferta de productos y servicios
    Identificar nuevas innovaciones que satisfacen necesidades
    Determinar reacciones de los clientes a la oferta de los competidores

Esto muestra cómo un proceso macro se divide en tres subprocesos, que a su vez poseen varias actividades o elementos del proceso de menor nivel.

La clasificación de los procesos es importante porque establece cuáles son las salidas o resultados que se producen y establece dónde se inicia el siguiente paso de todo el proceso. Esto exige a la organización una definición de quién produce las salidas y revela las fronteras de cada subproceso, que por lo general es la parte más ambigua y menos clara: el "pegamento" o interfase entre una etapa y otra, donde nadie se mete, y donde se origina la mayor falta de efectividad. Otro de los beneficios de esta clasificación es la exigencia a la alta gerencia en la designación del dueño del proceso y, por tanto, definir explícitamente quién tiene la responsabilidad por la gerencia de todo el proceso y rendir cuentas por toda su gestión.

Procesos organizacionales y funcionales

Otra clasificación general de los procesos desarrollados en una organización es dividirlos en procesos organizacionales o en funcionales, lo que facilita la asignación de responsabilidades.

Los procesos funcionales son subprocesos de los procesos organizacionales. Los gerentes han colocado su atención, tradicionalmente, en los procesos funcionales, pero es la gerencia de los procesos organizacionales la que requiere cambiar el paradigma existente, estableciendo una visión integral del trabajo realizado horizontalmente, transversalmente, a lo ancho de toda la estructura organizacional, desde que se tiene la idea de desarrollar un producto hasta que se entrega en las manos del cliente y se le brinda el servicio posventa.

Los procesos organizacionales involucran a toda la organización o buena parte de ella para agregar valor a los clientes externos. Los procesos funcionales son actividades que transforman entradas en salidas, requeridas normalmente por un cliente interno en la organización y que son ejecutadas al interior de una misma área funcional.

Los procesos organizacionales son procesos de carácter horizontal o transversal cuya responsabilidad no es exclusiva de un solo departamento. En un hospital, por ejemplo, la programación de cirugías es un proceso organizacional. El esquema convencional limita este proceso al departamento quirúrgico. Por lo general, una enfermera jefe de salas de cirugía programa a los profesionales (cirujanos, anestesiólogos, instrumentadoras, enfermeras), las salas y a los pacientes que deben operarse. Sin embargo, es un proceso que involucra prácticamente a todos los servicios del hospital: información y atención al paciente, urgencias, consulta externa, hospitalización, mantenimiento, lavandería, adquisiciones, enfermería, historia clínica, laboratorios (clínico, imágenes diagnósticas, patología), cocina, nutrición, portería.

Los procesos funcionales, por el contrario, son de carácter vertical. Se desarrollan por lo general al interior de un mismo departamento y con valor agregado a los ojos del cliente interno. Siguiendo con el ejemplo de un hospital, los informes entregados por el departamento de patología agregan valor a los cirujanos (clientes internos) que han solicitado tales exámenes después de una cirugía. Todo el trabajo se realiza en patología, desde el momento en que se reciben las muestras para ser analizadas hasta la entrega del informe con los resultados al cirujano.

Procesos gerenciales, operativos y de apoyo

Nótese que los megaprocesos indicados en el Cuadro 1 se han clasificado en tres grandes tipos: procesos gerenciales, procesos operativos y procesos de soporte.

Los procesos gerenciales son procesos que se realizan para brindar dirección a toda la organización, establecer su estrategia corporativa y darle un carácter único. Estos procesos son responsabilidad de la alta gerencia y se ejecutan con su guía y liderazgo.

Los demás procesos en una organización, son las actividades que realiza ésta para agregar valor a lo que entrega a sus clientes, usuarios o consumidores, y cualquiera de ellas se puede clasificar en procesos esenciales, llamados también operativos o primarios; y en procesos de soporte o apoyo.

En una institución prestadora de servicios de salud, los procesos esenciales, que indican las actividades primarias, son los procesos de atención al paciente. Entre estos procesos, se tienen: atención médica y odontológica de nivel hospitalario; atención médica y odontológica de nivel ambulatorio; promoción y mantenimiento de la salud; educación a los usuarios; auditorías o evaluaciones al sistema de calidad. En estas organizaciones, los procesos esenciales son los desarrollados para que la organización garantice la mejor aplicación de la ciencia y tecnología disponibles, y la seguridad sobre los recursos destinados a la atención de los pacientes, buscando asegurar el equilibrio más favorable entre los riesgos y los beneficios.

De otro lado, están los procesos de apoyo o soporte a los procesos esenciales. Son procesos que tienen que ver con la infraestructura de la organización, desarrollo del capital humano con que cuenta, desarrollo tecnológico, adquisición, sistemas de comunicación e información, entre otros. Así por ejemplo, son procesos de soporte todos los procesos administrativos, todos aquellos relacionados con mantenimiento y adecuación de operaciones, manejo de suministros, relación con proveedores, sistema de inventarios, almacenamiento, distribución de áreas, información, comunicaciones, construcción y mantenimiento de edificios; compra de medicamentos y suministros médico-quirúrgicos; mantenimiento de tecnología biomédica; acondicionamiento, limpieza y asepsia de las áreas clínicas y de apoyo clínico, mantenimiento de áreas comunes; manejo de recursos financieros; facturación y cartera; pagos (de servicios, proveedores, empleados, etc.); estadísticas hospitalarias; sistema de información y atención al usuario; informática y telecomunicaciones, transporte en ambulancias.

En una empresa promotora de salud el mapa de sus procesos lo constituyen sólo los siguientes ocho:

- Desarrollo de estrategias
- Desarrollo del portafolio
- Servicios de atención al usuario
- Promoción y mantenimiento de la salud
- Proceso financiero
- Logística

- Tecnología de información
- Gestión humana

Es importante resaltar la simplicidad del esquema, para una compañía que mueve un presupuesto anual de 57 millones de dólares, en comparación con su organigrama, donde aparecen una presidencia, cuatro vicepresidencias, cinco unidades asesoras y diez divisiones operativas.

Algunos procesos que uno podría esperar encontrar en el mapa no están. Por ejemplo, no aparece "ventas" de servicios. Ventas no es un proceso, sino un departamento, una agrupación de personas. Sin embargo, los vendedores, la tradicional fuerza de ventas o promotores están involucrados en varios procesos. Son parte del proceso de servicios de atención al usuario porque este proceso se inicia con un subproceso de afiliación, que es primordialmente hecho por los vendedores. También son parte del proceso de desarrollo del portafolio y del financiero, pues hacen seguimiento al mercado y realizan el recaudo de los pagos.

Cualquiera sea la clasificación que se haga de procesos, todos tienen en común la misma estructura. Todo proceso entrega unas salidas: resultados, productos, bienes o servicios que requieren unos clientes, usuarios o consumidores. Poseen unos proveedores que suministran unas entradas: insumos y materias primas. Realizan una serie de actividades que se desarrollan en secuencia o en paralelo de manera sistemática para transformar las entradas en salidas, tratando de agregar valor en dicha transformación. Véase Figura 1.

El enfoque de gerencia de procesos se basa en entender y analizar los diferentes procesos y las actividades que los conforman, para efectos de poderlos mejorar sistemáticamente, estableciendo un esquema sencillo pero efectivo de lo que una organización hace. Sin lugar a dudas, la gerencia de procesos es uno de los elementos esenciales de la administración exitosa de las organizaciones de principios del siglo XXI.

Capítulo 4. UN MODELO PARA LA GERENCIA DE PROCESOS

La gerencia de procesos no es otra cosa distinta que establecer metas y llevar al equipo humano bajo el liderazgo de un gerente a que las logre, mediante la ejecución de un plan de acción enfocado en el mejoramiento de los procesos bajo su autoridad y responsabilidad.

Es muy común encontrar gerentes, a todo nivel, que exigen resultados pero que no proveen los medios para alcanzarlos. Equivocadamente, entonces, achacan la culpa de no obtener los resultados esperados a las personas que operan el proceso. ¡Qué aberración de gerentes son éstos y qué falta de liderazgo los acompaña!

Quien puede y debe proveer los medios, asignando los recursos y el talento humano requeridos para que se den los resultados esperados es el gerente. Allí es donde radica su autoridad. Por tanto, la autoridad de un gerente es ejercida sobre su proceso, es decir, sobre todos los medios que tiene a disposición para realizar su gestión. Esos medios son las ocho emes –8M vistas en el Capítulo 2–, que conforman un sistema de causas interrelacionadas para transformar entradas en resultados dentro de un proceso.

De otro lado, existen unos clientes externos o internos que están demandando unos resultados del proceso bajo la responsabilidad de un gerente o dueño de ese proceso. Y esa es la razón de la existencia de su proceso, si el proceso no agrega valor a unos clientes, tal proceso está sobrando en la organización y no debe existir. El gerente de un proceso es el responsable de los resultados entregados por el proceso ante los clientes, ante las directivas, ante las personas que trabajan con él.

En consecuencia, ningún gerente puede ser responsable de los resultados entregados por sus procesos si no posee la autoridad necesaria sobre los medios, es decir, sobre los factores que constituyen el proceso para alcanzar el resultado.

La mayor preocupación de un gerente, llámese directivo, alto gerente, gerente medio o supervisor, es proveer los medios necesarios para que los resultados se den. Si se han dado los medios requeridos en calidad, cantidad y oportunidad, el gerente está en la obligación de rendir cuentas sobre los resultados, metas y objetivos alcanzados. Si no se dan los resultados esperados, el problema está en la oficina que dice: "Gerente".

Gerencia para controlar

Controlar el proceso significa mantener el *statu quo* actual. La gestión gerencial en este caso consiste en cumplir los estándares, procedimientos o protocolos establecidos para el proceso y el producto, a fin de verificar que las condiciones del proceso son estables y que los resultados del mismo satisfacen las necesidades y expectativas del cliente.

La preocupación del gerente y de su equipo humano de trabajo será identificar las desviaciones esporádicas, anomalías o no conformidades que se presenten para identificar las causas de tales desviaciones, y tomar las acciones correctivas del caso para que se establezca nuevamente la estabilidad en el proceso y se den los resultados.

Las no conformidades o anomalías son normalmente cosas como: repeticiones de trabajos porque se cometieron errores en su ejecución, materiales fuera de especificaciones, "caídas del sistema", quejas y reclamos de los clientes, interrupciones innecesarias en la operación del proceso por cualquier motivo, errores en la facturación, defectos en el bien o el servicio, atrasos en los tiempos de entrega de los insumos, desviación en la ejecución del presupuesto, etc.

Estas no conformidades son eventos que se salen de la situación normal y, por tanto, no agregan valor al cliente, ni a la organización, ni a los empleados, lo único que traen consigo es más trabajo y costos innecesarios. Es un desperdicio de recursos. Por tal motivo es tan importante eliminar estas no conformidades, pues cuestan mucho dinero y no agregan valor. La calidad no cuesta, lo que cuesta es la no calidad, la pobre o mala calidad.

En síntesis, cuando se controla un proceso, el gerente está manteniendo los procedimientos establecidos para el proceso. Si los resultados entregados satisfacen los requerimientos del cliente, la gestión del gerente es la de mantener el *statu quo*. El gerente debe girar una y otra vez el ciclo de control. La Figura 7 presenta el detalle de este tipo de gerencia.

Figura 7
El ciclo de control NECA

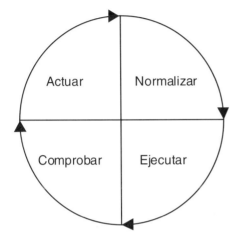

N Normalizar el proceso en la primera fase

E Ejecutar el proceso siguiendo la norma o procedimiento estándar establecido.

C Comprobar la estabilidad del proceso, confirmando la efectividad del procedimiento en operación.

A Actuar ante causas especiales de variación en el proceso, tomando acciones correctivas necesarias para volver al estado de control.

Muchas veces el proceso no genera los resultados esperados, simplemente por la ausencia de una norma para su ejecución. También es el primer paso a dar, cuando el proceso no existe. Es la primera fase del ciclo de control, normalizar.

La segunda etapa del ciclo es ejecutar el proceso siguiendo la norma o procedimiento estándar establecido. Esto significa realizar paso a paso el proceso tal y como se definió en la primera fase. Infortunadamente, es común encontrar que el procedimiento existe, pero se ejecuta en la práctica de manera muy distinta a como está escrito o diagramado.

En la tercera fase se comprueba la estabilidad del proceso, es decir, si los resultados entregados por el proceso son consistentes a través del tiempo, siguiendo el procedimiento establecido. Es aquí donde se deben medir tanto las actividades claves que se realizan en el proceso como los resultados obtenidos por el mismo. El gerente del proceso y el equipo humano que lo opera deben estar capacitados para entender la variación existente en todo proceso, e identificar cuándo en el proceso se presentan exclusivamente causas comunes de variación o cuándo están presentes también causas especiales que generan inestabilidad en el proceso, de manera tal que el análisis de la situación del proceso permita ejecutar la cuarta fase del ciclo de control. Para mayor detalle de cómo se puede discriminar entre causas comunes y especiales de variación, véase, en el Capítulo 9, gráficos de control.

Por último, la gerencia para controlar el proceso debe tomar acciones, normalmente de tipo correctivo con el fin de eliminar las causas especiales de variación en el proceso y volver al estado de control del mismo, esto significa que se pueden predecir los resultados de las salidas del proceso. Así se cierra el ciclo. Girar una y otra vez este ciclo, conduce al control del proceso.

Pero si los resultados no satisfacen al cliente o no son lo suficientemente competitivos, ya sea porque la productividad de los recursos no es la apropiada o porque las mejores organizaciones han demostrado que se pueden lograr metas más altas, o esporádicamente el proceso propio las ha obtenido, es el momento para que el gerente abandone el control del proceso y piense en mejorarlo.

Gerencia para mejorar

Uno de los pilares de la filosofía gerencial de la calidad total es el mejoramiento. En tal contexto, mejoramiento significa buscar incesantemente maneras de hacer mejor nuestro trabajo, todo trabajo es un proceso, y elevar nuestra capacidad para entregar mejores bienes y servicios a nuestros clientes con el fin de satisfacer sus necesidades y expectativas, o aun mejor, superarlas, fascinándolos. Lograr mejoramiento es muy distinto a controlar el proceso, manteniendo el *statu quo*, pues a través del mejoramiento logramos resultados nunca obtenidos, mucho mejores que los actuales, pero no como fruto del azar o la buena suerte, sino como un logro planeado.

El mejoramiento puede hacerse a escala pequeña o grande. *Kaizen* es el término japonés que ha sido utilizado para referirse a ese mejoramiento continuo, incesante, paso a paso, que resulta del esfuerzo de la gente por entender y mejorar un proceso, un producto, un servicio o un sistema actual, como resultado de analizar lo que hacemos y la manera como lo hacemos. Este tipo de mejoramiento progresivo y firme involucra cambios pequeños pero beneficiosos. El *kaizen* está fundamentado en el conocimiento, habilidad y creatividad de la gente.

Es importante entender que el mejoramiento no se limita a la aplicación del *kaizen*. El mejoramiento también se puede lograr mediante innovación, es decir, a gran escala, cambiando todo lo que hacemos y la manera como lo

hacemos actualmente. Esto que aplicamos hace mucho tiempo en calidad total, es lo que se ha denominado reingeniería de procesos. A diferencia del
mejoramiento continuo, la innovación trae consigo mejoramiento mediante la
inversión en bienes de capital, alta tecnología, por ejemplo, en manufactura,
informática o telecomunicaciones. Mediante la innovación se logran grandes
saltos en los resultados. En la perspectiva del tiempo, ambos tipos de mejoramiento son necesarios, constituyendo una espiral de mejoramiento: innovación - mejoramiento continuo - innovación - mejoramiento continuo, etc. En
uno y en otro tipo de mejora las preguntas que sistemáticamente debemos
formularnos son:

- ¿Qué hacemos?
- ¿Por qué lo hacemos así?

Las respuestas nos llevarán a encontrar maneras distintas de mejorar incesantemente nuestro trabajo. Recordemos que todo trabajo es un proceso.
Por eso el foco de atención del mejoramiento son los procesos que se ejecutan
en la organización.

La metodología propuesta en este modelo ha sido diseñada para ser aplicada por los responsables de gerenciar procesos y sistemas de trabajo en las
organizaciones. No obstante, también es útil y puede aplicarse en los siguientes casos: planeamiento o diseño de un nuevo proceso; innovación de todo un
sistema; desarrollo de un nuevo bien o servicio.

En la Figura 8 se presenta el ciclo de mejoramiento PEEA. Nótese que este
ciclo es una mejora del antiguo ciclo PHVA. Ya que lo importante no es verificar si lo que se hizo estuvo o no de acuerdo con lo planeado, sino estudiar una
y otra vez lo que sabemos acerca del proceso y establecer una estrategia de
aprendizaje sobre lo que se desconoce del mismo, con el fin de tomar acciones tanto correctivas como preventivas.

En la primera fase del ciclo de mejoramiento, se elabora un plan para
mejorar el proceso, esto implica establecer las metas cuantitativas que permitan evaluar el objetivo de mejoramiento por lograr; y, dar respuestas específicas a las 5W y 1H –qué, por qué, quién, cuándo, dónde y cómo–, integrando
todas las respuestas a estos interrogantes en un plan de acción a seguir.

Ejecutar el plan de acción es la segunda fase del ciclo de mejoramiento.
Esto requiere invertir en educación, capacitación y entrenamiento de las personas que conforman el equipo humano responsable del proceso para mejorar

Figura 8
El ciclo de mejoramiento PEEA

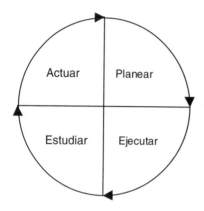

Planear. Elabore un plan para mejorar el proceso. Defina la meta por alcanzar y establezca el plan de acción a seguir. Dé respuestas a las 5W y 1H.

Ejecutar. Capacite a su equipo humano. Implante el mejoramiento planeado, por lo general sobre una prueba piloto a pequeña escala.

Estudiar. Estudie los resultados de la prueba. Examine la efectividad de los cambios introducidos.

Actuar. Adopte el cambio, y establezca el nuevo procedimiento, si los resultados son beneficiosos. Caso contrario, abandone el cambio o haga otras revisiones. Repita el ciclo.

Este ciclo es una técnica muy útil para el mejoramiento constante y la innovación de sistemas, procesos, productos o servicios. El ciclo ha sido adoptado por muchas organizaciones como la metodología básica para mejorar su desempeño. El elemento circular muestra el mejoramiento continuo inherente en el proceso. Esta es la metodología recomendada cuando se trata de mejorar un proceso existente.

su desempeño. Temas como trabajo en equipo, metodología y técnicas para el mejoramiento, estudio de casos y experiencias con procesos similares en otras organizaciones, liderazgo, comunicación asertiva, desarrollo de habilidades y competencias específicas para la realización de actividades propias a cada proceso, son temas fundamentales de dicha formación.

Realizado lo anterior, el reto consiste en implantar el mejoramiento planeado, ejecutando pormenorizadamente las acciones previstas en el plan de acción. Por lo general, los cambios para mejorar el proceso existente, se prueban a pequeña escala, de manera piloto para analizar la relación causa-efecto entre los cambios realizados y los resultados obtenidos.

En este ciclo mejorado con relación al tradicional PHVA, la tercera fase ya no es verificar la ejecución de las acciones planeadas, sino estudiar los resultados de los cambios en la prueba piloto, examinando su efectividad y aprendiendo todos los involucrados de lo que se ha hecho, cómo se ha hecho y qué resultados ha arrojado el cambio. A nuestro juicio, esta es la etapa más importante para lograr que el mejoramiento de los procesos se dé en una organización y donde los gerentes de proceso deben dedicar la mayor cantidad y calidad de su tiempo y de los demás recursos a su disposición.

Finalmente, el ciclo se cierra adoptando el cambio y estableciendo un nuevo procedimiento para el proceso, si los resultados son beneficiosos. Si por el contrario, los cambios no surten los resultados esperados, entonces se debe actuar, abandonando el cambio propuesto y tomando acciones de tipo preventivo y correctivo, reanudando nuevamente el ciclo, girándolo una y otra vez hasta lograr el mejoramiento.

Cuando se haya logrado el mejoramiento del proceso, es el momento para que la gerencia controle la situación y entonces se girará el ciclo NECA, hasta que sea necesario iniciar un nuevo ciclo de mejoramiento, porque la satisfacción del cliente o la competitividad del proceso así lo exija.

El modelo propuesto

Conocer y aplicar una metodología y técnicas eficaces y eficientes para el mejoramiento son claves para obtener éxito en la gerencia de procesos. Estos ingredientes permiten guiar eficazmente en el logro del mejoramiento a todos los colaboradores de la organización, independientemente de su nivel jerárquico o del papel que jueguen en un proceso, ya sea que trabajen en mejoramientos de manera individual o en equipos humanos de trabajo.

La clave para lograr cualquier tipo de mejoramiento radica en la aplicación del *conocimiento*. En consecuencia, nuestro modelo supone que las personas lo apliquen basándose una y otra vez en la creación de conocimientos y su apropiada aplicación. El desarrollo del modelo hace énfasis en tres fases en secuencia, relacionadas entre sí, claves para obtener éxito en el mejoramiento, como lo muestra la Figura 9.

Fase 1. ¿Cuál es la objetivo que tratamos de alcanzar?

El líder de un proceso debe establecer de manera muy precisa cuál es el resultado final que desea alcanzar. Asimismo, un equipo de mejoramiento debe lograr consenso, de tal manera que todos sus integrantes lleguen a un acuerdo sobre cuál es el objetivo en su esfuerzo de mejoramiento del proceso.

Esos objetivos provienen del plan estratégico de mejoramiento, donde se establecen para cada área estratégica definida cuáles son los objetivos vitales de mejoramiento y las estrategias para alcanzarlos. Tales políticas se despliegan a lo largo y ancho de la organización estableciendo metas de corto plazo (normalmente a un año). De tal manera que las metas de cada área deben estar alineadas con los objetivos estratégicos que ha establecido la Alta Gerencia.

Figura 9
Las tres fases del modelo

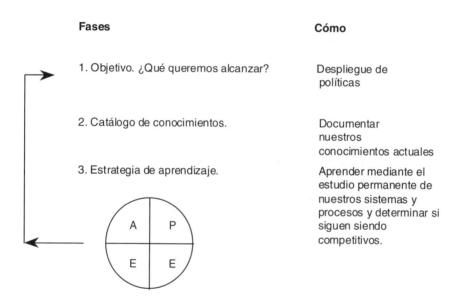

Fases   **Cómo**

1. Objetivo. ¿Qué queremos alcanzar?   Despliegue de
                                                              políticas

2. Catálogo de conocimientos.   Documentar
                                                              nuestros
                                                              conocimientos actuales

3. Estrategia de aprendizaje.   Aprender mediante el
                                                              estudio permanente de
                                                              nuestros sistemas y
                                                              procesos y determinar si
                                                              siguen siendo
                                                              competitivos.

Fase 2. Catalogar el conocimiento actual

¿Qué conocimientos tenemos actualmente acerca del proceso? Es importante conocer de manera precisa las necesidades y expectativas que el cliente requiere de las salidas que le entrega ese proceso, como también describir sucintamente en qué consiste el mismo, analizar las diferentes actividades para establecer si agregan valor o no a lo que se supone debe hacerse, como también recolectar información de su desempeño actual y pasado, estableciendo los medidores o indicadores de proceso y de resultado que permitan una completa comprensión de la situación actual, las brechas entre lo que requiere el cliente y lo que se le entrega y la gravedad de tales diferencias. Esto permite al líder del proceso y al equipo de trabajo establecer cuándo un cambio es una mejora.

Fase 3. Estrategia de aprendizaje

De acuerdo con el catálogo de los conocimientos actuales del proceso, para lograr el mejoramiento del mismo es necesario desarrollar una eficiente metodología de aprendizaje por ensayo y error que permita incrementar tal conocimiento, desarrollando y probando cambios a pequeña escala e implantando y normalizando los cambios que resulten exitosos.

El ciclo de mejoramiento de cuatro etapas PEEA –planear, ejecutar, estudiar y actuar– es muy útil para estos efectos.

En la etapa de planeamiento se construye un plan de acción, esto es, cuestionarse ¿qué cambios son deseables? ¿Qué información se posee? ¿Se requieren nuevas mediciones? Luego, planear el cambio o prueba y decidir cómo se usarán las observaciones. En la segunda etapa se lleva a cabo el plan, efectuando los cambios o pruebas planeadas, preferiblemente a pequeña escala y reuniendo la información pertinente. En la tercera etapa se estudia la situación, mediante el análisis de la información, observando los efectos del cambio o la prueba y se resume lo aprendido. Finalmente, se decide qué cambios efectuar y se toman decisiones para el siguiente ciclo, repitiéndolo, pero ahora con el conocimiento acumulado. El uso repetitivo de este ciclo permite la adquisición en secuencia de conocimientos y la identificación de cambios que conduzcan al mejoramiento esperado.

El modelo aquí presentado es una metodología probada, empleada para lograr mejoramientos durables en procesos, sistemas, productos o servicios que permite satisfacer o superar los requerimientos del cliente, sea externo o interno. No pretende ser perfecto, ni mucho menos ser el modelo, la única manera de hacer las cosas. Lo que sí puedo afirmar es que funciona. Las herramientas o técnicas que se pueden aplicar a lo largo del modelo son técnicas básicas para la solución de problemas y de planeación y gerencia, sobre las cuales se puede consultar el Capítulo 9.

El modelo hace énfasis en la toma de decisiones con base en hechos y soportado en datos cifrados que conduzcan a información confiable, construyendo conocimiento y probando cambios en pequeña escala hasta que funcionen, elaborando entonces el procedimiento o proceso normalizado y se repita el ciclo ante una nueva oportunidad de mejoramiento del proceso.

Actividades y estrategias del modelo

El Cuadro 3 presenta el esquema detallado del modelo propuesto para la gerencia del mejoramiento de un proceso. Allí aparecen las ocho actividades o pasos claves a seguir y una descripción de cómo seguirlos con el fin de establecer, conducir y revisar su gestión para mejorar el proceso y sus resultados.

El desarrollo sistemático del modelo, le clarifica si se están haciendo las cosas correctas y si se están haciendo bien en la gerencia de un proceso, esto es, si se está concentrando en la eficacia (los aspectos correctos) y en la eficiencia (hacerlo bien), alcanzando la efectividad requerida.

Cuadro 3
Modelo para gerencia del mejoramiento del proceso

Pasos	Cómo seguirlos
1. Identificar oportunidades de mejoramiento	• Analice la información existente sobre el de proceso, esto incluye: resultados y medidas históricas de desempeño, en especial cuantificar ineficacias e ineficiencias, mostrar pérdidas (costos de mala calidad) y ganancias posibles, análisis de satisfacción del cliente, *benchmarking*, el despliegue de políticas, para identificar y establecer prioridades en el proceso a mejorar.
	• Realice un análisis de Pareto para priorizar temas y definir metas numéricas viables. Si es necesario, se puede desagregar el Pareto inicial y establecer subtemas. En este paso no se buscan causas, esto se hace en el paso 5. En este paso lo que interesa es encontrar resultados indeseables del proceso.
	• Establezca si el mejoramiento se debe lograr mediante trabajo individual o en equipo. Nombre el gerente del proceso, éste designa el equipo humano. Luego elabore el plan de acción que va a seguir: recursos, programación y *modus operandi* del trabajo individual o del equipo de mejoramiento.
2. Describir y analizar el proceso actual	• Describa el proceso actual. ¿Dónde empieza, dónde termina, cuáles son las etapas de desarrollo, qué decisiones claves se toman, quiénes son los proveedores, qué entra, quién es el cliente, qué recibe?

Pasos	Cómo seguirlos
	Defínalo siguiendo la técnica PEPSC y diagrama de flujo conjuntamente. Se trata de describir el proceso tal y como es en la realidad, no como sería de manera ideal. • Haga un análisis de valor del proceso, identificando qué actividades agregan valor y cuáles no, y de estas últimas cuáles son necesarias e innecesarias. • Indique los medidores o indicadores de resultado y de proceso con los que va a medir su proceso. Los primeros miden las salidas y los segundos las actividades.
3. Escuchar la voz del cliente	• Pregunte a los clientes (entrevistas, encuestas, llamadas telefónicas): ¿Qué necesidades y expectativas tiene de lo que nosotros le proveemos? ¿Cuáles son los criterios claves que usted usa para definir que le entregamos calidad? ¿Qué hace con lo que le damos? ¿Existe alguna diferencia esencial entre lo que usted requiere y lo que le damos? ¿Cómo lo mide? Analice con ellos si los medidores o indicadores de usted son correctos y significativos para ellos. ¿Está recibiendo algo que no requiere?
4. Catalogar los conocimientos	• Clarifique las creencias actuales sobre las posibles causas de las no conformidades: errores, defectos, anomalías, problemas actuales de proceso. • Entienda las relaciones causa-causa; causa-efecto; efecto-efecto. El diagrama causa-efecto y el diagrama de dispersión son las técnicas apropiadas. • Entienda la variabilidad de efectos y causas. Use histogramas, gráficos de control. • Elabore un catálogo de conocimientos de acuerdo con la recopilación de datos y mediciones. • Identifique los vacíos que tiene de conocimientos.
5. Desarrollar una estrategia de aprendizaje	• Dé prioridad a los vacíos de conocimientos • Identifique efectos o causas de los cuales pueda aprender • Use técnicas para reconocer una variación anormal de los efectos

(Continúa)

(Continuación Cuadro 3)

Pasos	Cómo seguirlos
	• Convierta las señales de una causa especial en conocimientos • Evalúe retrospectivamente la variación inducida por causas comunes • Desarrolle un programa de experimentación para probar y validar suficientemente las relaciones de causa y efecto, haciendo cambios en pequeña escala.
6. Desarrollar y ejecutar soluciones	• Desarrolle y pruebe cambios a pequeña escala • Identifique cambios que resulten en mejoramiento • Implante los cambios exitosos. Normalice las acciones correctivas.
7. Medir y monitorear los cambios	• Desarrolle un plan de acción para comunicar, medir y monitorear los cambios positivos • Ejecute el plan de acción.
8. ¿Mejoramiento suficiente?	• Analice los efectos del mejoramiento obtenido • Mida el nivel de satisfacción actual de los clientes. • Pregúntese: ¿El mejoramiento obtenido es suficiente para satisfacer o fascinar al cliente? Si la respuesta es sí, entonces la gestión del gerente del proceso consistirá en girar una y otra vez el ciclo de control neca. Si la respuesta es no, pregúntese: ¿Podemos y debemos cambiar el paradigma actual? • Escuche la voz de los mejores en este campo. Aprenda de ellos. ¿Cómo lo hacen los mejores? ¿Qué conocemos acerca de sus soluciones? Y copie o adapte en su proceso las soluciones dadas por ellos. De acuerdo con su análisis, puede tomar alternativamente dos caminos: 1. Convivir con el paradigma actual o 2. Innovar, cambiar el paradigma, estableciendo el ciclo de mejoramiento respectivo.

Principios de la gerencia de procesos

Los siguientes ocho principios han probado ser valederos para implantar la mentalidad de gerencia de procesos en una organización. Estos principios son un conjunto sistémico, es decir, están relacionados unos con otros, la ausencia de alguno de ellos tiene efectos negativos en la efectividad de este enfoque gerencial.

1. Establecer la propiedad

    La gerencia debe asignar la propiedad del proceso, esto es, quién es el dueño, la persona dentro de la organización que debe responsabilizarse por todo lo que suceda con el proceso y rendir cuentas de la gestión ante la dirección.

2. Verificar y describir el propósito del proceso

    Se debe tener absoluta claridad sobre el tipo de proceso, su interacción con otros procesos, su razón de ser, el porqué y el para qué de su existencia.

3. Definir el proceso, sus límites e interfases

    El proceso debe estar definido en términos de tipo de proceso, sus puntos de iniciación y terminación, de manera tal que exista un entendimiento común entre todas las personas involucradas. Asimismo, el principio establece la necesidad de determinar límites en la responsabilidad por el proceso, aclarando las zonas grises entre procesos, donde se juntan unos con otros, con el fin de establecer la responsabilidad primaria por analizar y mejorar el proceso.

4. Organizar y capacitar al equipo de mejoramiento del proceso

    El dueño del proceso debe conformar el equipo humano que lo mejorará sistemáticamente, con indicación clara del papel que juega cada integrante y las reglas de juego de su operación. Definido el equipo, todos deben recibir capacitación en temas esenciales como gerencia de procesos, trabajo en equipo y liderazgo.

5. Documentar el proceso

    Es preciso tener documentado el proceso, lo que significa tener un mapa o flujo del mismo, identificación precisa de sus entradas y salidas, proveedores y clientes, actividades realizadas, definiciones operacionales de los términos utilizados en ese proceso.

6. Establezca puntos de control

De acuerdo con la descripción y documentación del proceso, es importante establecer puntos de control en las entradas, actividades realizadas y salidas del proceso con el objeto de servir de base para la medición de los indicadores.

7. Defina los indicadores

Establezca indicadores, datos cuantitativos, que permitan medir el desempeño de los resultados y actividades del proceso, con el fin de medir la eficacia y la eficiencia del mismo.

8. Mejore el proceso

El ciclo de mejoramiento tiene principio pero no fin. Por tanto, los procesos son dinámicos en el tiempo y lo que hoy es competitivo, funciona y es satisfactorio para el cliente, mañana no lo es. Por tanto, el mejoramiento es un proceso en sí mismo.

Capítulo 5. ESTRUCTURA ORGANIZACIONAL PARA GERENCIA DE PROCESOS

La orientación hacia los procesos en una organización, como se ha dicho en el capítulo tercero, implica haber identificado y clasificado los procesos que se llevan a cabo en toda la organización.

¿Es necesario cambiar la estructura tradicional de funciones por especialistas para desarrollar un esquema por procesos? Nuestra experiencia indica que no es necesario alterar la estructura organizacional actual, es más, en organizaciones estatales, la legislación vigente en varios países de Latinoamérica exige contar con una estructura por funciones y cambiar la estructura implica una reforma constitucional. No obstante, esto no es un impedimento para desarrollar un esquema administrativo de gestión por procesos, ya que lo importante, a·mi juicio, es determinar claramente quién es el responsable de qué y sobre qué se debe rendir cuentas a la dirección de una organización.

Las mejores prácticas en las organizaciones muestran la existencia de una estructura similar a la presentada en la Figura 10. Los cimientos de toda la estructura para gerencia de procesos, es la existencia de un consejo de calidad, que no es otra cosa diferente al denominado comité ejecutivo, comité de gerencia o denominaciones similares, dedicado a implantar la cultura de calidad en toda la organización, definiendo el rumbo estratégico o los grandes qué, el plan estratégico, desplegando las políticas de mejoramiento y por ende estableciendo los procesos involucrados, los grandes cómo, y finalmente revisando como equipo de trabajo gerencial el desarrollo de su estrategia.

La estructura indicada exige el desempeño pragmático de equipos de trabajo interdepartamentales e intradepartamentales, así como el mejoramiento de la calidad en el trabajo diario.

Equipos de proceso interdepartamentales

Los procesos organizacionales involucran a todos o muchos departamentos. Por tanto, su mejoramiento implica mejorar gracias al trabajo en equipo de

Figura 10
Estructura operativa por procesos

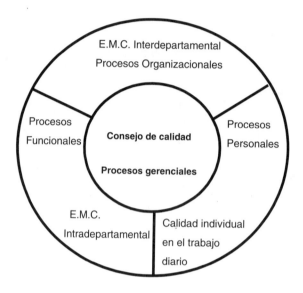

varios departamentos, ya que en los procesos organizacionales las acciones se cumplen como una secuencia de pasos horizontales o transversales en los que participan varios departamentos, extendiéndose más allá de las fronteras de la organización, pues incluyen a los clientes externos y a los proveedores también externos. Como se indicó en el capítulo tercero, a esta clase de procesos debe poner especial atención la gerencia, porque el éxito para fascinar al cliente externo radica en romper barreras entre los diferentes departamentos, integrando en un solo proceso las actividades que desarrolla la organización desde el proveedor externo, atravesando todos los departamentos participantes, hasta el cliente.

Este esquema de gestión por procesos suscita un interrogante concreto: ¿quién asume la responsabilidad de un proceso organizacional? Nuestra sugerencia es que un integrante del consejo de calidad, que en todos los casos es un vicepresidente o gerente funcional que reporta directamente a la presidencia o gerencia general de la organización, sea designado como "gerente o dueño" del proceso. Como tal será investido de todo el poder y la autonomía necesarias para integrar un equipo de mejoramiento interdepartamental, conformado por personas pertenecientes a los departamentos involucrados en el proceso organizacional, que por sus características, conocimientos, experiencia, habilidades, creatividad, se considere que pueden aportar al mejoramiento sistemático de dicho proceso. En consecuencia, cualquier persona con capacidad de aportar al mejoramiento del proceso organizacional puede ser parte de ese equipo de trabajo humano.

De esta manera, el gerente del proceso organizacional puede comprometer todos los recursos de que disponga la organización para mejorar el proceso organizacional, que por definición es crítico para el éxito de la empresa, y asume la responsabilidad ante el consejo de calidad y el más alto ejecutivo por ese proceso. Es aquí donde radica la sabiduría en el esquema propuesto, pues un dueño del proceso con tales características sí tiene la capacidad real de lograr el mejoramiento. En tal perspectiva, es mucho más importante ser el dueño de un proceso organizacional que posiblemente un gerente financiero, por ejemplo, dentro del esquema tradicional de estructura por funciones, aunque en la práctica tenga los dos sombreros.

Los integrantes del equipo de mejoramiento interdepartamental son escogidos por el gerente o dueño del proceso organizacional y su trabajo en el equipo hace parte intrínseca de sus responsabilidades cotidianas, por tanto, no es optativo o voluntario. Por supuesto, esto implica que toda la estructura orgánica ha sido educada y capacitada en el enfoque de gestión por procesos, iniciando con el consejo de calidad. Recordemos que el número de procesos organizacionales es limitado y, por tanto, también lo es el número de equipos de mejoramiento interdepartamentales.

La operación de uno de estos equipos puede demandar un esfuerzo grande y recursos de todo tipo. Por ejemplo, es posible que las personas se encuentren en diferentes países o en diferentes ciudades en un mismo país, que se requiera la presencia de todos ellos para aprender de las mejores prácticas en organizaciones líderes en el proceso organizacional de entregar a tiempo el producto, después de haber entrevistado a clientes externos y documentado todo el proceso propio. ¿Cuánto cuesta este esfuerzo? Según mi experiencia, miles de dólares.

De otro lado, hay que pensar en cuál es el costo del inventario excedente de producto terminado que reposa en almacenes subutilizados o el costo de no planear eficaz y eficientemente la producción. Con frecuencia los pronósticos de venta son errados, la capacidad de planta es utilizada incorrectamente, se produce más de lo que no necesita el mercado y menos de lo que sí requiere con urgencia, y se presentan cambios en cantidad, calidad y fechas de entrega en los programas de suministros de materiales locales, que pueden conducir a no contar con el material requerido en la planta a tiempo, en la cantidad requerida y con los requisitos exigidos. ¿Cuánto le cuesta a la empresa parar la planta por falta de materia prima o cuál es el valor de los cambios en los programas de producción? ¿De qué magnitud es el costo de perder clientes por no entregar a tiempo sus pedidos o no brindarles información sobre el desarrollo del mismo? En todos estos casos hay que hablar de cientos de miles de dólares. Estas son las consecuencias de no pensar en calidad, tener atomizado el proceso, con responsabilidades fraccionadas y estar preocupados solamente por ejercer las funciones en cada departamento.

Entonces, ¿vale la pena invertir en equipos de mejoramiento enfocados en mejorar procesos organizacionales? La respuesta, según el ejemplo anterior, se puede deducir fácilmente. El potencial de retorno sobre la inversión, el valor económico agregado y los ahorros es grande. Si se analiza el ahorro potencial con una reducción drástica del costo de pobre calidad, fluctúa, en todos los casos, ¡entre el 20% y el 30% del valor de las ventas netas!

Equipos de proceso intradepartamentales

Dentro de la estructura tradicional de función por especialistas, vale decir, cada división o departamento, cuenta con procesos internos en que participa íntegramente una jerarquía vertical, desde el gerente hasta el último colaborador del departamento. El foco de atención del mejoramiento de estos procesos funcionales también es el cliente, pero en este caso el cliente interno, pertenezca bien al mismo departamento o a otro distinto. Aquí también se necesita trabajar en equipo para fascinar a dichos clientes.

El responsable de los procesos funcionales es el gerente de la división o departamento y él establece los equipos de mejoramiento al interior de su área que deberán mejorar los procesos funcionales identificados dentro del plan de acción o plan operativo de mejoramiento anual. El gerente funcional debe rendir cuentas sobre la gestión de los procesos a su cargo dentro de la revisión que realiza el consejo de calidad, dentro de los compromisos adquiridos en el plan de acción.

La Figura 11 ilustra la estructura de trabajo en equipo propuesta para desarrollar la gestión por procesos, que semeja la urdiembre y trama de un tejido. Se presentan, por un lado, los equipos de mejoramiento interdepartamentales o equipos de procesos organizacionales y, por otro, los equipos de mejoramiento en el interior de cada departamento, encargados de mejorar los procesos funcionales.

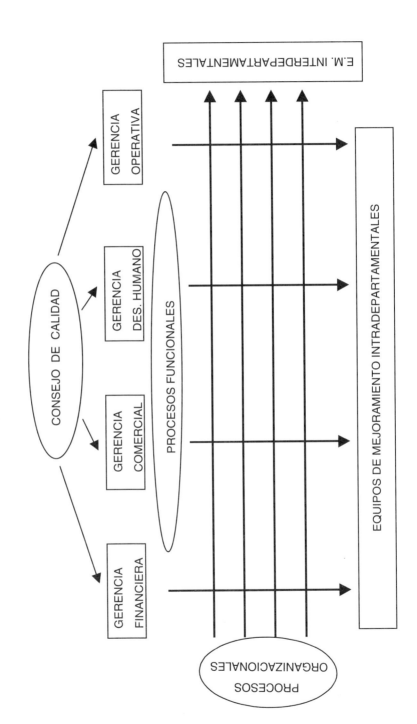

Figura 11
El trabajo en equipo

El consejo de calidad

El consejo de calidad es un equipo de mejoramiento en sí mismo. Lo integran los altos ejecutivos de la organización. Está presidido por el más alto ejecutivo (presidente, gerente general, director ejecutivo, rector, alcalde, etc.) de la misma con la secretaría de la coordinación de calidad. El *modus operandi* lo establece cada consejo, pero es usual que en los dos primeros años de operación, la frecuencia de reuniones sea alta, esto es, quincenal, porque el equipo de alta dirección se encuentra en la etapa de aprendizaje y debe tomar decisiones estratégicas que comprometen los recursos de la organización en el mediano y el largo plazo. Una vez que cada integrante del consejo ha introyectado el esquema de gerencia de procesos dentro de una filosofía de calidad, pensará y actuará siempre de acuerdo con ella veinticuatro horas al día.

La misión del consejo de calidad consiste en establecer un entendimiento común acerca del significado de la calidad total como filosofía de administración de la organización y en liderar el despliegue de políticas, proveyendo la estructura necesaria para la operación del esquema de gestión por procesos en toda ella, comprometiendo los recursos necesarios para ello y evaluando permanentemente la estrategia y sus resultados, en un marco de aprendizaje continuo.

De otro lado, la coordinación de calidad representa un proceso de apoyo administrativo para soportar la gerencia de procesos a lo largo y ancho de la estructura orgánica. Es una posición típica de *staff*. Depende jerárquicamente de la presidencia o gerencia general. De acuerdo con las características y complejidad de cada organización, la coordinación de calidad puede estar integrada por más de una persona, conformando un equipo de trabajo multidisciplinario con la misión de participar en el diseño del plan estratégico de mejoramiento, acompañar a todos los gerentes de proceso en la implantación de la gerencia de procesos y evaluar el grado de madurez de la organización con el esquema, sugiriendo al consejo de calidad las acciones pertinentes para su mejoramiento continuo.

Calidad individual en el trabajo diario

El esquema de gestión por procesos implica un cambio en la manera como asumimos el trabajo en la organización. Hemos aprendido que, además de practicar el trabajo en equipo, cada persona debe transformar también sus hábitos personales, a esto se le conoce como calidad en el trabajo diario, de manera tal que exista un mejoramiento de lo básico para realizar el trabajo.

Un programa muy útil en esta dirección, la de cambiar la manera de pensar de las personas, orientándolas hacia un mejor comportamiento para toda la vida, motivando un ambiente de economía, organización, limpieza, salud y disciplina, es el de los cinco sentidos o de las 5 Ss.

La sigla 5 Ss proviene de cinco palabras japonesas: SEIRI, SEITON, SEISOU, SEIKETSU y SHITSUKE que se ha traducido al español como los cinco sentidos. Es un programa que tiene mucha aceptación entre las personas, porque como es una metodología, carece de interpretaciones ideológicas, que apuntan al sentido común, aunque ésta no sea una práctica común o al decir de un gerente: "el sentido común es el menos común de los sentidos".

En términos generales, se puede describir el significado de los cinco sentidos de la siguiente manera:

SEIRI – Clasificación. Este sentido promueve la identificación de los equipos, herramientas y materiales necesarios e innecesarios en los puestos de trabajo, y también la identificación de datos e información necesaria para toma de decisiones, de tal manera que cada persona utilice solamente en su puesto de trabajo los elementos estrictamente necesarios, desechando todo lo que no requiere.

SEITON – Orden. Con este sentido, se pretende establecer un lugar específico para cada elemento de trabajo, de tal manera que puedan ser localizados rápidamente en cualquier momento. Esto incluye el manejo de datos e información en archivos físicos o electrónicos, de tal manera que si existe orden, la persona pueda localizar en cuestión de pocos minutos la información requerida.

SEISOU – Limpieza. Ésta hace referencia a la eliminación de polvo, suciedad y objetos innecesarios en los puestos de trabajo, conservándola en los puestos de trabajo.

SEIKETSU – Salud. El cuarto sentido se refiere a las acciones consistentes y repetitivas con miras a la clasificación, orden, limpieza y también al mantenimiento de buenas condiciones sanitarias, higiénicas y estéticas, sin ningún tipo de contaminación, promoviendo el cuidado de la salud y la prevención de la enfermedad en las personas.

SHITSUKE – Autodisciplina. La última hace referencia a introyectar el hábito de cumplir los procedimientos establecidos en la empresa. Este sentido cobija todos los procesos, por ejemplo, la atención de una llamada telefónica, no fumar en sitios cerrados, llegar a tiempo a las reuniones programadas, usar los elementos de seguridad en las zonas con riesgos, seguir los protocolos y procedimientos establecidos para la realización del trabajo.

Una de las grandes ventajas que se aprecian en la aplicación pragmática de los cinco sentidos es que, el primer beneficiado es el empleado, como persona y después como colaborador en una organización. Es un programa para toda la organización, donde participan todas las personas que trabajan en ella. El programa es liderado por el consejo de calidad y se fundamenta en la capacitación y la práctica cotidiana a nivel individual y grupal.

En consecuencia, lo que se pretende con la estructura propuesta es que cualquier persona en la organización posea los medios para practicar el mejoramiento de la calidad de su trabajo, es decir, de sus procesos, ya sea en la dimensión individual como en el trabajo en equipo.

Transformación de la cultura organizacional

Esta transformación de cultura organizacional requiere mucha constancia en el propósito y liderazgo de la dirección. Tal transformación se vuelve realidad cuando las personas están dispuestas a cuestionar sus paradigmas sobre la manera como conciben y realizan el trabajo. Un indicador de la cultura que se vive en una organización y que mide con bastante precisión si se ha originado un cambio, es el lenguaje utilizado por las personas a lo largo y ancho de ella, ya que existe una correlación muy alta entre el conjunto de principios y valores de una persona y el lenguaje que utiliza.

La gerencia trata de cambiar la cultura de la organización describiendo las nuevas actitudes que se requieren para que la calidad sea uno de los primeros valores, pero fallan en atacar los factores que influencian las acciones que los colaboradores toman. La estrategia falla, los empleados no actúan de manera diferente a la habitual, los resultados de sus acciones no cambian, y por ende, sus actitudes se mantienen inalterables.

Hemos aprendido de los psicólogos del comportamiento humano que las personas establecen conductas de comportamiento de acuerdo con la percepción del resultado de sus acciones. La Figura 12 ilustra un modelo sobre la secuencia cíclica del comportamiento humano.

El modelo nos dice que una persona acomete cierto tipo de acción que produce un resultado. El resultado se observa y se interpreta, ya sea como positivo o negativo. Basado en la interpretación que la persona hace del resultado, modifica su actitud y actúa diferente la próxima vez para producir un resultado diferente.

En una organización, las actitudes que desarrolla su gente se basan en las acciones que ellas toman y en su interpretación de los resultados. Y la actitud prevaleciente de los empleados es la que define la cultura del día a día en la organización y esto es determinante en sus resultados.

Figura 12
Transformación de la cultura organizacional

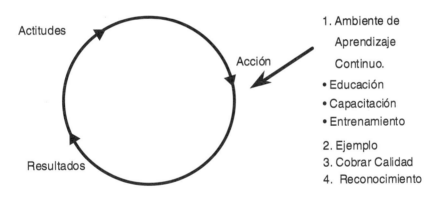

La actitudes de las personas se pueden modificar y, por supuesto los resultados, solamente si se logra que hagan cosas diferentes. La flecha que toca el círculo en la Figura 12 trata de ilustrar el punto. Es sobre las acciones donde la gerencia debe intervenir para lograr la transformación deseada.

Este es un proceso que toma mucho tiempo, es de largo plazo, que requiere liderazgo, persistencia y paciencia para hacer las cosas correctas y bien hechas, pues de lo que se trata es, ni más ni menos, que cambiar la manera de actuar de cientos o miles de personas en una organización y eso toma mucho más tiempo que dar un discurso sobre las nuevas actitudes requeridas en el trabajo.

Encuentro cuatro maneras efectivas para romper el círculo vicioso y lograr que las actitudes de las personas cambien en su trabajo. La primera es la creación de un ambiente de aprendizaje continuo dentro de la organización, esto implica establecer dentro de la política de gestión humana un compromiso recíproco de brindar educación, capacitación y entrenamiento permanente a los colaboradores y construir identidad y alineación de éstos con el rumbo estratégico de la empresa, invirtiendo en capital humano. De esta manera se provee un vehículo para adquirir conocimiento en todas sus manifestaciones, aplicarlo y compartirlo mejorando las competencias de las personas y valorando este desarrollo para beneficio mutuo.

Un segundo elemento es el ejemplo que brindan los directivos y gerentes de una organización a sus empleados. Lo que la gente vea hacer a sus jefes institucionales es determinante en su comportamiento. No importa que se tenga una misión, visión, principios y valores perfectamente editados y publicados en toda la estructura de una organización, si sus líderes no muestran con su ejemplo consistencia entre el discurso y lo que piensan, sienten y hacen todos los días.

El tercer factor, lo llamo "cobrar calidad", para decir que los gerentes son muy exigentes a la hora de pedir resultados a las personas que trabajan con ellos, pero no siempre se preocupan con igual intensidad por brindarles los medios, los recursos para que la gente pueda responder con resultados. Por tanto, un gerente debe cerciorarse primero que se le han brindado los recursos y medios necesarios a las personas para desarrollar sus procesos. Sobre tal premisa, es el momento de pasar la factura de los resultados. Si en tales circunstancias, los resultados no se dan y están bajo el control de la persona, el problema es de falta de compromiso de esa persona y, entonces, no existe un esquema de ganar-ganar. La organización no debe seguir contando con los servicios de ese tipo de personas.

Finalmente, un poderoso catalizador para cambiar comportamientos en las personas es brindar reconocimiento público por los aportes que una persona o un equipo humano haya hecho por el mejoramiento de la organización, del proceso, de los compañeros de trabajo, de sus colegas, del cliente, de la sociedad. Mediante el reconocimiento damos gracias sinceras a las personas y les decimos buen trabajo, demostrando el aprecio que se siente por ellos y para que, a su vez, la gente escuche esas "gracias" como una expresión significativa. Éstos son los verdaderos reconocimientos, los que se expresan como una voz de aliento y sincero agradecimiento, sin ningún medio metálico, que suena poco, dura menos y no es apreciado por las personas. Recordemos que reconocimiento no tiene nada que ver con incentivos económicos. Pero es importante precisar, para no llevar al lector a equívocos, que un buen sistema de reconocimientos tiene como requisito previo contar con una retribución salarial equitativa internamente y competitiva en la perspectiva externa, caso contrario, no tiene sentido y será más contraproducente que beneficiosa su aplicación.

Capítulo 6. MEDIDORES E INDICADORES

Para poder controlar, mejorar o comparar cualquier proceso y conocer qué está sucediendo con él, el responsable del mismo debe instituir medidores o indicadores que, como su nombre lo dice, midan o indiquen el nivel de desempeño de dicho proceso. Es muy difícil administrar un proceso que no se pueda medir.

Con razón se ha dicho "lo que no se puede medir, no se puede controlar; lo que no se puede controlar, no se puede administrar; lo que no se puede administrar es un caos". Por desgracia, la cultura de la medición no es una práctica común en muchas organizaciones.

Estos medidores e indicadores deben ser usados, entre otros propósitos, para:

- Evaluar el desempeño del proceso contra las metas de mejoramiento, permitiendo medir el grado de cumplimiento de las metas en relación con los resultados obtenidos.

- Establecer si el proceso es estable o no y, por tanto, definir si las causas detrás de los resultados son comunes o especiales para definir el tipo de mejoramiento requerido.

- Fijar el nivel de desempeño alcanzado por el proceso para servir de punto de referencia en procesos de comparación con las mejores prácticas.

- Mostrar tendencias, evaluar efectividad y proveer señales oportunas de precaución.

- Establecer bases sólidas para identificar problemas o detectar oportunidades de mejoramiento.

- Proveer medios para evaluar las medidas correctivas y preventivas.

- Facilitar la comunicación entre el dueño del proceso y quienes lo operan, entre éstos y la gerencia, entre personas relacionadas con el proceso.

- Establecer si el grado de mejoramiento obtenido es suficiente y si el proceso sigue siendo suficientemente competitivo.

Características de los buenos indicadores y medidores

Cada medidor o indicador debe satisfacer los siguientes criterios:

- *Poderse medir*

Esto significa que lo que se desea medir se pueda medir, ya sea en términos del grado o frecuencia de la cantidad. Por ejemplo, el número de camas ocupadas o porcentaje de ocupación de una clínica.

- *Tener significado*

El medidor o indicador debe ser reconocido fácilmente por todos aquellos que lo usan. Lo importante es que tenga significado para todas las personas partícipes en el proceso. Por tanto, todo medidor debe tener una descripción, esto es, una breve definición sobre qué es y qué pretende medir.

- *Poderse controlar*

El indicador debe poderse controlar. Por ejemplo, las condiciones atmosféricas afectan el cargue de camiones que transportan productos de una fábrica a puntos de venta, pero tales condiciones no se pueden controlar. Cualquier intento por controlarlas es inútil. En cambio, se pueden controlar los efectos de las lluvias en el tiempo requerido para cargar un camión.

Ejemplos de medidores o indicadores:

- Número de órdenes de compra
- Costo total de la calidad
- Costos de capacitación
- Número de empleados
- Toneladas procesadas
- Pacientes atendidos en consulta
- Número de errores en la facturación
- Rotación de personal
- Porcentaje de utilización de una planta
- Costo de no calidad por unidad de producto
- Horas fuera de servicio de un equipo

- Variación en la ejecución del presupuesto
- Porcentaje de despachos a tiempo
- Número de personas capacitadas
- Clientes satisfechos
- Porcentaje de clientes fascinados
- Tiempo de espera en la solución de un reclamo
- Quejas solucionadas
- Frecuencia de accidentes
- Valor económico agregado.

Tipos de indicadores

En el contexto de orientación hacia los procesos, un medidor o indicador puede ser de proceso o de resultados. En el primer caso, se pretende medir qué está sucediendo con las actividades, en el segundo se quiere medir las salidas del proceso.

El deporte nos sirve para ilustrar en qué consisten unos y otros. Por ejemplo en el fútbol, indicadores de resultado son: el número de partidos ganados, empatados y perdidos, se pueden discriminar estos indicadores, cuando el equipo jugó de local o de visitante. El puesto que ocupó el equipo al finalizar el campeonato, es otro medidor de resultado. En cambio, indicadores de proceso son, por ejemplo: el número de horas de entrenamiento, la cantidad de partidos amistosos jugados, el porcentaje del tiempo que el equipo tuvo el balón en los partidos, el porcentaje de faltas cometidas, frecuencia de pases errados, entre muchos otros que miden las actividades, no el resultado.

También se pueden clasificar los indicadores en indicadores de eficacia o de eficiencia. El indicador de eficacia mide el logro de los resultados propuestos. Nos indica si se hicieron las cosas que se debían hacer, si se está trabajando en los aspectos correctos del proceso. Los indicadores de eficacia se enfocan en el qué se debe hacer, por tal motivo en el establecimiento de un indicador de eficacia es fundamental conocer y definir operacionalmente los requerimientos del cliente del proceso para comparar lo que entrega el proceso contra lo que él espera. De lo contrario, se puede estar logrando una gran eficiencia en aspectos irrelevantes para el cliente.

En contraste, un medidor de eficiencia mide el rendimiento de los recursos utilizados en las actividades ejecutadas dentro del proceso, ¿se están usando de manera óptima los recursos asignados para la realización del proceso?

El conjunto de eficacia y eficiencia es conocido con el término efectividad. No obstante, no existen medidores que midan la efectividad, se mide la eficacia o la eficiencia del proceso.

Por ejemplo, un indicador de eficacia es el nivel de satisfacción de los clientes o usuarios de un servicio. Es posible que el nivel de satisfacción general de los clientes sea del 25%, después de la medición que se realice de este aspecto fundamental en cualquier proceso. Este resultado indica que los clientes no están satisfechos, que su grado de satisfacción es bajo y, por tanto, se están realizando actividades incorrectas que no agregan valor a los usuarios del proceso. Pero es posible que el proceso sea muy eficiente, entregándole al usuario información al instante que no requiere.

Los indicadores de eficiencia miden el nivel de ejecución del proceso, se concentran en el cómo se hicieron las cosas y miden el rendimiento de los recursos utilizados por un proceso. Tienen que ver con la productividad. Por ejemplo, en un hotel al considerarlo como un proceso global, un indicador de eficiencia es el porcentaje de ocupación del mismo. Si la ocupación en un mes es del 82%, esto significa que el hotel está desperdiciando los recursos y los empleados a su disposición, ya que con las mismas personas y recursos podría obtener una ocupación del 100%.

Se dice que un proceso es efectivo cuando es eficaz y eficiente. Sin embargo, no existe un indicador de efectividad, o es de eficacia o de eficiencia pero no existe uno que mida de manera simultánea ambos aspectos. Por tal motivo, se debe tener indicadores que midan tanto la eficacia como la eficiencia del proceso.

Medidores o indicadores de resultado

Estos indicadores miden la conformidad o no conformidad de la salida de un proceso, esto es, bienes o servicios (producto) con los requerimientos del cliente. En otras palabras, miden la efectividad de satisfacer al cliente. Los clientes definen la calidad de lo que necesitan en términos de dimensiones o características de calidad tales como: precio, tiempo de atención, trato humanizado, calidad del servicio, condiciones de la atención, actitud de servicio, entre otras más. Esto significa que es importante conocer y considerar las necesidades y expectativas del cliente, del usuario, al desarrollar medidores o indicadores de resultado. Las siguientes etapas conducen al establecimiento adecuado de los mismos:

1. Definir las salidas importantes del proceso.
2. Identificar los requerimientos válidos para tales salidas.
3. Desarrollar los medidores o indicadores de resultados.

Supongamos que el objetivo operacional del gerente financiero es dar un manejo óptimo a los recursos de efectivo y pagar a tiempo a los proveedores.

Las salidas importantes de este proceso pueden ser:

- Acogerse a descuentos
- Proveedores pagados a tiempo
- Mejorar las relaciones con los proveedores
- Incrementar el flujo de caja
- Proveedores satisfechos

De otro lado, escuche las necesidades y expectativas de sus clientes (en este caso son los proveedores de bienes y servicios de la organización) para determinar los requerimientos válidos; la siguiente lista ayuda a concertar entre las partes tales requerimientos:

Requerimiento válido = Necesidad y expectativas razonables

Tome cada una de las necesidades y expectativas acordadas como críticas con sus clientes y pregunte:

- ¿Es razonable?   Sí / No

- ¿Se entiende?   Sí / No

- ¿Se puede medir?   Sí / No

- ¿Se puede lograr?   Sí / No

Si todas las respuestas son afirmativas, el requerimiento es válido. Cualquier respuesta negativa implica mayor negociación entre las partes hasta obtener una respuesta afirmativa. Si no es posible obtener un *sí*, entonces el requerimiento no es válido y no debe ser aceptado como tal. En el ejemplo, las dos salidas son:

Salida	Requerimiento válido
1. Proveedores pagados a tiempo	El pago se realiza dos días antes de expirar la factura
2. Tomar descuentos	Tomar todos los descuentos ofrecidos por pronto pago

Tan pronto se han identificado los requerimientos válidos para las salidas, establezca una manera de medirlo. Esta medición, cuando se compara con el respectivo requerimiento válido, se convierte en el indicador de resultado.

La siguiente guía puede ser de utilidad:

• Haga que el indicador y el requerimiento válido estén relacionados lo más cerca posible.

Para cada elemento especificado en el objetivo o meta debe existir el correspondiente indicador de resultado. Si Ud. dice "exacto y a tiempo", debe ser capaz de medir qué tan *exacto* y qué tan *a tiempo* es su proceso.

• Mida a intervalos que le permitan hacer modificaciones útiles.

Es importante medir con suficiente frecuencia para evitar que se pueda hacer demasiado daño si las cosas van mal. Pero, de otro lado, también es muy costoso medir muy frecuentemente. Es preciso encontrar el balance adecuado para cada indicador.

• Describa cómo medir para obtener resultados confiables.

Describa las acciones específicas que tiene que realizar una persona para hacer una medición. Dé suficientes detalles de tal manera que cualquier persona que haga la medición obtenga los mismos resultados bajo las mismas condiciones. La medición es confiable cuando es consistente, incluso cuando la medición la hacen diferentes personas.

• Para ocurrencias vitales o raras use un indicador de *segundo nivel*.

Por ejemplo, existen eventos extraordinarios como accidentes fatales en una planta. El indicador de fatalidades puede ser un indicador de resultado, pero no es muy útil medir las muertes cuando éstas han ocurrido, entonces se puede medir otros eventos que ocurren más frecuentemente y que pueden conducir a los accidentes fatales, por ejemplo contar el número de accidentes menores. Solamente reduciendo éstos se puede esperar que los accidentes fatales no sean frecuentes.

- Cuando la conformidad sea mayor al 80%, mida el *porcentaje defectuoso* para mayor impacto visual.

Por ejemplo, si el porcentaje promedio de usuarios satisfechos con los servicios de hospitalización es 95% en un año y Ud. mide el nivel de satisfacción mensualmente, es mejor utilizar una escala en la gráfica respectiva, mostrando como indicador de resultado el complemento, es decir, el porcentaje de clientes insatisfechos, que varía de 0 a 5% con incrementos de ½ %.

- Evite usar solamente *promedios*.

A un proveedor que le pagan 10 días tarde no le interesa que en promedio le paguen a los proveedores dos días antes que se venzan las facturas. Un indicador más adecuado sería el número de veces que no se le pagó dos días antes del vencimiento de sus facturas.

Por tal motivo, siempre es importante conocer tanto la exactitud o promedio del proceso en relación con cualquier indicador usado, como su variabilidad o desviación con respecto al promedio.

Medidores o indicadores de proceso

Cuando usted ha documentado su proceso y posee un diagrama de flujo del mismo, usted puede establecer *puntos de control*, esto es actividades o eventos a través de los cuales controla el proceso. Se denominan medidores o indicadores de proceso a estos puntos de control.

Los indicadores de proceso se diferencian de los indicadores de resultado en que miden la variación existente en el proceso, midiendo las actividades del proceso, esto es, cómo se hace el mismo. En contraste con los medidores o indicadores de resultado que miden las salidas del proceso, la conformidad o no conformidad general con los requisitos válidos, miden el qué hace el proceso.

Algunas guías prácticas:

1. Escoja *puntos de control* en el proceso, de tal manera que cuando los
    mida, le permitan chequear cómo se está desempeñando el proceso. Trate
    de establecerlos en aquellos pasos donde ocurre un cambio lógico en el
    flujo del proceso (al tomar una decisión, un cambio de flujo entre depar-
    tamentos, etc.).

2. Decida cómo medir cada punto de control para recolectar datos que pue-
    dan mostrar la variación actual de ese paso en el proceso. Los gráficos de
    control son la herramienta preferida para estos efectos.

Ya sea que el medidor o indicador sea de proceso o de resultado, escoja
los más significativos, ¡no se llene de datos!, tomando en consideración los
siguientes aspectos prácticos:

-   ¿Qué desea medir?
-   ¿Qué datos existen actualmente, con qué frecuencia se obtienen, están
    disponibles?
-   ¿Qué tipo de datos se tomarán, variables o atributos?
-   ¿Quién debe recolectar los datos?
-   ¿Cómo se obtendrán?
-   ¿Con qué periodicidad?
-   ¿Cuántos datos se requieren para el análisis del proceso?
-   ¿Qué tan rápido desea detectar cambios en el proceso?
-   ¿Cuál es el costo de obtener los datos?
-   ¿Cómo se analizarán los datos?
-   ¿El análisis es manual o a través de *software*?
-   ¿Necesitan las personas que operan el proceso entrenamiento en recolec-
    ción de datos y su análisis?
-   ¿Qué medidores se utilizan actualmente, son los apropiados?

Finalmente, para cada indicador o medidor escogido, haga una descripción específica, indique explícitamente la unidad de medida utilizada, y la
periodicidad de la medición.

Elaboración de indicadores

Las técnicas para elaborar medidores e indicadores son simples. El proceso
sugerido para hacerlo es el siguiente:

Paso 1. Defina los atributos importantes

Mediante el uso de un diagrama de afinidad (lluvia de ideas mejorada) obtenga el mayor número de ideas acerca de medidores o indicadores que puedan utilizarse para medir las actividades o los resultados del mismo, la eficacia y la eficiencia, según sea el caso. Asimismo, los atributos más importantes que debe tener el medidor o indicador. Luego, por consenso, seleccione los más apropiados.

En esta etapa inicial de identificación y selección de medidores, el equipo humano encargado de establecerlos debe ser cuidadoso en describirlos, de manera tal que sean verdaderos indicadores. Tener un medidor requiere que algún valor numérico puede usarse para representar la cantidad sugerida. La descripción de medidores comienza típicamente con frases como "el número de", "la cantidad de" o "el porcentaje de". Sin embargo, la colección de números puede representarse en frases tales como "un gráfico de Pareto de" o "un gráfico tipo torta de".

Debe recordarse que las propiedades no físicas de un proceso también pueden ser medidas. Opiniones, percepciones, actitudes, pueden medirse cuando se desarrolla el instrumento adecuado para ello, usualmente en la forma de entrevistas o encuestas.

Durante esta primera fase de identificación de potenciales indicadores no se deben hacer consideraciones sobre qué tan prácticos, válidos o apropiados son, ya que la idea es generar una amplia gama de posibilidades y tener el mayor número posible de ideas innovadoras.

Paso 2. Evaluación de los medidores o indicadores propuestos

Con base en la selección anterior, el equipo de mejoramiento del proceso evalúa los medidores o indicadores propuestos en el paso anterior con base en la validez y practicidad de los mismos. Los medidores deben ser válidos para tomar decisiones, de tal manera que un cambio en él, es indicativo de que se ha presentado un cambio en el resultado o en las actividades medidas y debe tomarse acción. Asimismo, el indicador debe ser fácil de crear, mantener y usar. Analizar entonces, aspectos como si los datos están disponibles y si se encuentran en una computadora, si se posee *software* disponible para extraer los datos deseados y manipularlos después de extraerlos de la base de datos, como también si se cuenta con el conocimiento y la experiencia para producir el análisis deseado de los datos.

Cuadro 4
Evaluación de medidores o indicadores

Proceso: Facturación   *Resultado: Facturas exactas*

	Efecto en el cliente (A)	Disponi-bilidad (B)	Brecha de me-joramiento (C)	Calificación general = A x B x C
Número de facturas erradas	5	3	4	60
Errores/1.000 facturas	5	1	3	15
Costo de las facturas erradas	3	2	4	24
Tiempo perdido reparando los errores	5	5	4	100
Número de quejas y reclamos	3	1	2	6

Escala:

1 = Ninguno   2 = Algo   3 = Moderado   4 = Mucho   5 = Extremo

Las dos características esenciales en un buen indicador, validez y practicidad, se pueden expresar en tres criterios de evaluación, ¿el indicador o medidor sugerido puede medirse, es entendible y controlable? Pueden usarse otros criterios para definir finalmente los indicadores o medidores a usar.

En los Cuadros 4 y 5 se presenta un ejemplo del resultado obtenido por un equipo de mejoramiento para analizar los posibles medidores de resultado a utilizar en un proceso de facturación, entendido el resultado como presentar facturas exactas.

De las alternativas planteadas y de acuerdo con los tres criterios de evaluación utilizados por este equipo, inicialmente se escogieron dos medidores "el tiempo perdido reparando los errores" en las facturas y "el número de facturas erradas". Luego, se sometieron a un análisis cualitativo de si poseen las características deseables.

Cuadro 5
Evaluación de características deseables

Medidor /indicador seleccionado	Puede medirse	Entendible	Controlable
Tiempo perdido reparando los errores	SÍ	SÍ	SÍ
Número de facturas erradas	SÍ	SÍ	SÍ

Paso 3. Compare contra el conjunto de medidores o indicadores actuales para evitar redundancia o duplicidad

En el evento que existan en operación algún tipo de indicador, simplemente compare los resultados obtenidos con la ejecución de los dos primeros pasos sugeridos anteriormente contra los medidores o indicadores que utiliza actualmente y establezca si hay redundancia o duplicidad innecesaria. Evalúelos en relación con los mismos criterios y defina si vale la pena seguir con ellos o desecharlos.

Una última recomendación, no se trata de llenarse de indicadores o medidores que nadie analiza en la práctica. Procure establecer el menor número posible de medidores o indicadores, pero úselos de verdad en la toma de decisiones para controlar, mejorar y comparar el proceso.

Capítulo 7. APRENDIENDO DE LOS MEJORES PROCESOS

¿Qué significa aprender de los mejores?

Es conocido en Occidente el trabajo pionero desarrollado por Robert C. Camp en la Corporación Xerox sobre lo que significa aprender de las mejores prácticas aplicadas por las organizaciones líderes. Él acuñó en 1989 el término *benchmarking* con la publicación de su libro *Benchmarking: The Search for Industry Best Practices That Lead to Superior Performance*. No obstante, el padre del concepto es un poco más viejo, se trata del general chino Sun Tzu que vivió unos 500 años antes de Cristo.

Tenemos la fortuna de conocer hoy, 2.500 años después, las enseñanzas de este general chino a través de su libro *El arte de la guerra*, que se puede adquirir con facilidad en español. Este libro es considerado como la suma y esencia del saber estratégico. Paradójicamente, no es un libro muy leído por los militares sino por políticos, empresarios, altos ejecutivos y académicos alrededor del mundo. El lector no encontrará allí nada distinto a principios esenciales de estrategia y táctica de guerra, que pueden ser trasladados al mundo de la administración moderna de las organizaciones. Su actualidad es sorprendente. En Occidente descubrimos que detrás del éxito comercial de los llamados dragones del Lejano Oriente y tigres asiáticos se hallan las estrategias y tácticas consignadas en este texto clásico.

Los amantes de los deportes pudieron observar en los pasados juegos olímpicos de Sidney cómo los chinos disputaron cabeza a cabeza con los estadounidenses la supremacía en estos juegos, aplicando las enseñanzas del *benchmarking*, inventadas por uno de ellos.

Cuando se formaron estos pensamientos que conforman la gran tradición de los sabios chinos, nada existía de lo que es la base de nuestra cultura, de nuestra civilización. Basta recordar que para entonces no se habían formado los idiomas griego o latín. Europa y el cercano Oriente llegaban apenas a su edad de bronce. Egipto iniciaba la construcción de sus pirámides. Y en Colombia, indígenas de diferentes culturas estaban en los albores de la tecnolo-

gía y arte de la orfebrería en oro. Esta manera de pensar ha sobrevivido durante milenios en la mente de más de la cuarta parte de la humanidad.

Las siguientes son tan sólo algunas de las reflexiones planteadas por Sun
Tzu:

- "Aquel que sabe cuándo pelear y cuándo no, será el vencedor". - ¿Qué
  comparar?

- "Sutil e inmaterial el experto no deja huella, misterio divino, no es audi-
  ble". - Obtención de información.

- "El general que gana una batalla hace muchos cálculos en su cabeza antes
  de dar la pelea". - Análisis de la brecha en desempeño.

- "La excelencia suprema consiste en quebrar la resistencia enemiga sin
  batallar". - Gerencia del proceso de comparación competitiva.

- "Uno se defiende cuando su fortaleza es inadecuada y ataca cuando es
  abundante". - Asignación de recursos.

- "En paz prepárese para la guerra, en guerra prepárese para la paz". - Coope-
  ración y alianzas estratégicas.

- "Si conoces al enemigo y te conoces a ti mismo, no estarás en peligro en
  cien batallas; si no conoces a los otros y te conoces a ti mismo puedes
  ganar una y perder otra; si no conoces a los otros y no te conoces a ti
  mismo estarás en peligro en cada batalla". - ¿Con quiénes compararse?

- "Aquel que no se ejercita de manera premeditada, pero ha logrado alejar-
  se de sus opositores, con seguridad será capturado por ellos" - Educación,
  capacitación y entrenamiento permanentes.

En español se ha traducido el concepto de diferentes maneras, entre ellas
están: escuchar al voz de los mejores, referencia competitiva, comparación
competitiva, aprender de los mejores, estudiar a los líderes. En este texto, se
utilizará indistintamente cualesquiera de estos términos. En todo caso, el interés es aclarar en este libro las definiciones tanto formal como operativa.

La definición formal que Camp dio al concepto de *benchmarking* fue "la
búsqueda e implementación de las mejores prácticas en la industria que llevan

a un desempeño superior". El proceso de *benchmarking* plantea que la adopción o la adaptación de las mejores prácticas le permite a una organización elevar el desempeño de sus productos, servicios y procesos de negocio hasta niveles de liderazgo.

La compañía Xerox en Estados Unidos obtuvo en 1989 el premio Malcolm Baldrige. Adicionalmente, es la única empresa en el mundo que ha ganado todos los premios nacionales y regionales de calidad. Con base en el esquema de comparación competitiva presentado por Xerox, se incluyó el *benchmarking* como uno de los criterios de evaluación del Baldrige desde 1991. El criterio establece "describa el proceso de la compañía, alcance, recursos y uso actuales de las comparaciones competitivas e información de *benchmarking* que apoyan el mejoramiento de la calidad y el desempeño operacional de toda la organización". Igual camino han seguido los premios nacionales y regionales de calidad más prestigiosos del mundo. De allí la importancia de entender y aplicar el concepto.

El propósito fundamental de un proceso de referencia competitiva es entender aquellas prácticas desarrolladas por organizaciones líderes que pueden establecer una ventaja competitiva. Esto implica concentrarse en cuatro aspectos esenciales: analizar la operación, evaluando las fortalezas y debilidades de los procesos actuales en la organización; conocer la competencia y a los líderes en el sector, quién es el mejor de los mejores; incorporar las mejores prácticas a la operación, aprendiendo de los mejores, estudiando a dónde han llegado, hacia dónde se dirigen, en qué consisten sus prácticas y por qué funcionan; y emular tales prácticas consideradas como las mejores para obtener un alto grado de competitividad y buscar ser el nuevo punto de referencia. En consecuencia, la fijación de objetivos con base en la comparación de medidores de desempeño es un aspecto secundario. ¿Qué saca con saber un banco, por ejemplo, que el líder en el mercado aprueba solicitudes de crédito en 4 horas contra 30 días que toma su proceso, distinto a conocer su estado de atraso lamentable, pero sin entender cómo hace ese líder para obtener tal nivel de desempeño?

Cuando se escucha la voz de los mejores se está rompiendo el paradigma de no ser capaces de aprender de otros. En cualquier actividad humana, siempre existirá alguien que ha logrado hacer las cosas mejor que uno. Como filosofía de vida, en el plano personal o en el de la organización, es importante tener la mente abierta siempre a nuevas formas de hacer las cosas y la inteligencia y la humildad necesarias para aprender de los demás. El día en que uno crea que llegó al pináculo del conocimiento y que no tiene nada que aprender, ese día empieza a morir como ser humano o como organización.

La comparación competitiva es una parte integral de la planeación y es un proceso de permanente revisión para asegurar que la organización se concentra en su entorno competitivo y utiliza información basada en hechos y datos para el desarrollo de sus planes. El aprendizaje de los mejores se usa para mejorar el desempeño y la competitividad mediante el entendimiento de los métodos y prácticas utilizados por aquellas organizaciones de clase mundial, reconocidas como las mejores, las líderes, las exitosas.

Por tanto, el proceso de aprender de los mejores se puede aplicar a dos niveles de planeación distintos. Un nivel es el estratégico, donde el centro de atención es entender las tendencias en las que se están moviendo los líderes en el sector. En tal perspectiva, interesa aprender en qué dirección se mueve la tecnología, cuáles son las tendencias de inversión en la industria, cuáles son las ofertas básicas en bienes y servicios, cuáles son las tendencias en las que se mueven las expectativas y las necesidades del mercado, etc. De tal manera que la alta gerencia posea información relevante para tomar decisiones acerca de las prioridades en las que va a comprometer el capital humano y los recursos a su disposición en la organización para ser competitivo, que es lo verdaderamente estratégico.

De otro lado, la referencia competitiva se puede aplicar en la perspectiva operativa para entender las mejores prácticas utilizadas por las organizaciones líderes para fascinar a sus clientes y desarrollar las mejoras necesarias en los procesos internos de trabajo. También se pretende en esta dimensión, definir los niveles de desempeño operativo requeridos para ser visualizado por los clientes como una de sus mejores opciones, si no la mejor. En este libro se hará énfasis en la dimensión operativa del aprendizaje de los mejores.

El enfoque inicial de la referencia competitiva se concentró en la resolución de problemas, tales como reducción de costos, quejas y reclamos provenientes del cliente, reducción de errores, altos niveles de inventarios, la necesidad de mejorar tiempos de respuesta. De hecho, la preocupación que originó el concepto al interior de Xerox fue que los costos de fabricación de sus fotocopiadoras en Estados Unidos eran superiores al precio de venta de las mismas en Japón. En otras palabras, era un enfoque reactivo, la organización reaccionaba ante la presencia de un problema encontrando soluciones a través de un proceso de comparación con los mejores.

Ahora, la práctica de las organizaciones líderes muestra que existe una mejor manera de realizar la referencia competitiva, para dar uso óptimo a los recursos involucrados. Estas organizaciones tienen un rumbo estratégico definido y han encontrado que una buena manera de alcanzar sus objetivos es concentrándose y mejorando sistemáticamente los pocos procesos que contribuyen a tales objetivos. Nuevamente es el principio de Pareto en acción. La clave está en mejorar los procesos básicos en los que se fundamenta la operación del negocio y que contribuyen al logro de los objetivos. De ahí la importancia de contar con el plan estratégico y operativo de mejoramiento alineado con la misión y la visión como se analizó en el Capítulo 2.

Los procesos pueden ser la toma de pedidos, la facturación, el procesamiento de órdenes, la solución de peticiones, la entrega de pedidos, la administración de instalaciones físicas, acceso y entrega de información clave, gestión de proveedores, administración de fuentes de financiación, entre muchos otros. De esta manera, el *benchmarking* se convierte en un medio para lograr los objetivos de la organización.

Los indicadores de gestión utilizados por una empresa pueden mostrar a los "dolientes" la necesidad de cambiar pero, lo que han aprendido las empresas de clase mundial es que los resultados solamente se obtienen mediante los cambios en los procesos de trabajo, establecidos a través del aprendizaje de los mejores, es decir, mejorando sistemáticamente los procesos críticos del negocio, incorporando en ellos las mejores prácticas desarrolladas por las organizaciones líderes.

Se utiliza indistintamente en este capítulo los términos procesos de trabajo y procesos de negocios. En el Capítulo 3, al hablar de la clasificación de procesos, se dio una definición explícita de su significado, los procesos de trabajo son procesos funcionales que son del control exclusivo de una función o departamento y los procesos de negocios son procesos organizacionales, de carácter interfuncional que involucran a varios departamentos y son críticos para el éxito de la organización.

El proceso de escuchar a los mejores

Escuchar la voz de los mejores es un proceso sistemático y continuo para aprender de las prácticas aplicadas en los procesos por organizaciones reconocidas como líderes con el propósito de realizar mejoras en aquellos procesos objeto de comparación.

Quizás vale la pena reforzar los apartes de esta definición. Aprender de los mejores es un proceso en sí mismo. La Figura 13 ilustra el diagrama básico del modelo de procesos para hacer énfasis sobre qué es lo se está comparando y orientar los esfuerzos de referencia competitiva en una organización.

Figura 13
El modelo de procesos en la comparación competitiva

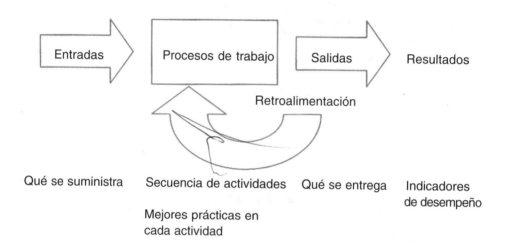

Sistemático y continuo significa que existe una metodología con una secuencia coherente, formal y estructurada para llevar a cabo el proceso de escuchar la voz de los mejores y que el proceso debe ser permanente, incesante, de largo plazo, no para una sola vez, como infortunadamente muchos lo hacen. Por ejemplo, Xerox usa un método de 10 pasos, IBM aplica 14 actividades y AT&T 9 etapas. Otros autores sugieren un modelo de 5 etapas (Spendolini) o 19 actividades (Harrington).

En el proceso de referencia competitiva lo que más interesa es documentar nuestras prácticas y después estudiar las prácticas de los mejores, el punto de atención es entender cómo se realiza el trabajo, no qué se hace. Por tanto, es fundamental hacer la diferencia entre proceso y práctica. Un proceso es una secuencia de pasos o actividades de trabajo. Cada actividad o paso nos dice qué se hace. Para cada paso existe un método que describe cómo se hace, esto es lo que se conoce como prácticas.

El proceso es aplicable a cualquier tipo de organización, ya que cualquiera de ellas es un conjunto de procesos, sean públicas o privadas, con ánimo o sin ánimo de lucro. Todas tienen la opción de aprender de los mejores.

Cuando se habla de organizaciones reconocidas como líderes, se trata de identificar esas organizaciones que han recibido el reconocimiento público de ser las mejores como un todo o que poseen las mejores prácticas en algún proceso específico, de manera tal que sean socios potenciales para realizar el proceso de referencia competitiva.

El proceso de escuchar la voz de los mejores tiene como salidas finales la educación de un equipo humano que aprende las prácticas aplicadas por las organizaciones líderes y la toma de decisiones encaminada a tomar acciones concretas en los procesos propios para adaptar o adoptar las prácticas estudiadas con el fin de cerrar la brecha en desempeño en relación con los líderes y buscar ser otro punto de referencia. Tales organizaciones pueden ser competidores o desenvolverse en sectores de actividad completamente diferentes.

La ejecución de este proceso implica evitar a toda costa la autocomplacencia y la "ombligolatría". Se requiere mirar hacia afuera de la propia organización para no quedarse a la zaga y perder la batalla de la sobrevivencia en un mundo cada vez más pequeño, competitivo, cambiante y con clientes muy exigentes. Asimismo, significa tener mente abierta para cuestionarse los paradigmas propios, aprender nuevos e incorporarlos en la operación propia porque han demostrado su valor, funcionando como las mejores soluciones.

El ciclo

Si se sigue el ciclo de mejoramiento PEEA (véase Figura 8, Capítulo 4), el proceso operativo de aprendizaje de los mejores se desarrolla de la siguiente manera en cada una de las cuatro etapas:

- *Planeación*. Es este primer paso es necesario definir claramente quién es el cliente interno del proceso, en la mayoría de las veces dicho cliente no es la alta gerencia. Asimismo, establecer cuáles son sus requerimientos, es decir, lo que el cliente interno necesita y espera obtener del proceso de referencia competitiva, cuál es el resultado esperado y definir el equipo humano responsable por realizar la investigación. Por lo general, el resultado esperado se establece como la investigación competitiva sobre un proceso de trabajo.

Definido el "doliente" es necesario planear la composición del equipo humano que hará la investigación. Quién lo dirigirá, cuántos serán sus integrantes, con qué características, qué asignación de recursos estarán a su disposición, en especial el recurso tiempo, dentro de la carga de trabajo, cómo será el *modus operandi*, plazos específicos para la obtención de hitos en el proceso, informes de progreso y definición de indicadores de gestión. Por último, pero no lo menos importante, el cliente debe comprometerse en contribuir a la implantación de los cambios que se requieran en el proceso de acuerdo con las mejores prácticas resultantes de la investigación del equipo de trabajo.

En esta primera etapa, también se identifica quiénes serán los socios de aprendizaje y se planea la recolección de información y datos. Los socios del aprendizaje son las organizaciones que de manera formal están dispuestas a intercambiar información sobre el proceso de estudio en particular. Aquí hay una gran diferencia con otras modalidades de referencia competitiva utilizadas en el pasado, donde se puede investigar procesos, productos o servicios de organizaciones sin la existencia de un proceso formal entre las partes interesadas, con las grandes limitaciones que esto conlleva en la obtención de los resultados perseguidos.

La recolección de información y datos consiste en determinar qué fuentes de información se van a utilizar. En tal determinación es importante incluir los criterios de tiempo y dinero, ya que la recolección de datos es costosa y toma tiempo. Las fuentes de información van desde las internas y generales, accesibles con facilidad al equipo humano, hasta las externas y específicas, hechas a la medida del equipo investigador que implican mayor costo y tiempo en su obtención. Por tanto, es indispensable definir cuáles son las fuentes más efectivas tomando en consideración los recursos con que cuente el equipo de investigación.

Esta primera fase es definitiva para el éxito del proceso de aprendizaje de los mejores, de tal manera que las etapas siguientes sean de fácil desarrollo. Caso contrario, el proceso mismo y sus resultados arrojarán salidas indeseables y situaciones que crean frustración para todos.

Ejecución. En esta segunda fase, se pone en marcha el equipo de trabajo para realizar las decisiones tomadas en la etapa de planeación. El punto de partida es documentar el proceso escogido para ser comparado con los mejores, esto implica tener una descripción genérica y detallada de las distintas actividades que se realizan, los flujos entre departamentos y personas participantes en el desarrollo de todo el proceso, salidas específicas y clientes de tales productos, quiénes son los proveedores internos o externos y el tipo de entradas que suministran al proceso. Asimismo, establecer los indicadores de gestión del proceso, es decir, cuáles son los indicadores o medidores utilizados para medir tanto los resultados como las actividades del proceso.

Se pretende con esta documentación del proceso que el equipo de trabajo se "conozca a sí mismo", tenga un conocimiento detallado de todo el proceso para poder establecer qué hacemos y cómo lo hacemos en nuestra organización, cuáles son los cuellos de botella, cuáles son las salidas indeseables del proceso, a qué nivel hemos llegado de acuerdo con el sistema de indicadores de gestión, cuál es el nivel de satisfacción de los clientes, en dónde están las raíces de los problemas, antes de salir y compartir información con los socios de la investigación. Esto es básico, sin esa documentación el equipo no conoce la operación, no tiene información esencial acerca de lo que tiene que investigar afuera y simplemente las visitas de intercambio con otras organizaciones se limitarán a buenas relaciones públicas y hacer turismo muy costoso.

La otra gran parte de la fase de ejecución es la selección de los socios en el proceso de referencia competitiva y la realización de visitas para observar las mejores prácticas. Más adelante en este capítulo, en ¿cómo realizar el aprendizaje?, se presentan maneras para desarrollar esta parte del proceso.

- *Estudio.* La siguiente fase es el estudio pormenorizado de las diferencias encontradas entre las mejores prácticas y la nuestra. Es una evaluación de los resultados de la investigación en términos de la brecha actual y una proyección de los niveles futuros de desempeño que alcanzarán los mejores procesos. El estudio de los resultados conlleva igualmente la comunicación de los mismos al cliente interno del proceso de aprendizaje de los mejores y obtener su aceptación de los hallazgos, y el establecimiento de metas de mejoramiento del proceso interno.

- *Acción.* Finalmente, la organización debe implantar las prácticas de los líderes en su operación, adoptando o adaptando tales prácticas. Para ello deberá definir planes de acción muy claros, evaluar periódicamente, establecer cuándo se ha alcanzado una posición de liderazgo, revisar los puntos de referencia o metas y evaluar el proceso de escuchar la voz de los mejores como un proceso continuo de mejora.

Tipos de comparación competitiva

La práctica de las organizaciones que desarrollan el proceso de referencia competitiva muestra que existen básicamente cuatro tipos o versiones en este proceso.

El aprendizaje puede ser *interno*. Este tipo es practicado por organizaciones complejas, multinacionales o nacionales de cierta envergadura en su estructura de procesos. Es una comparación entre unidades organizacionales que desarrollan iguales o similares operaciones al interior de una misma organización. Los ejemplos abundan, la realización del producto en diferentes plantas de producción en una misma empresa, el proceso de expedición de tarjetas de crédito en diferentes sucursales de un banco, el pago de siniestros en diferentes agencias de una misma compañía de seguros generales o de vida, la auditoría de salud efectuada en diferentes hospitales de un mismo sistema de salud, etc.

Un buen punto de partida es iniciar con una comparación interna, ante todo porque se trata de documentar el proceso objeto de investigación y esa actividad básica es un requisito esencial, ya sea que el aprendizaje sea competitivo, funcional o genérico. La comparación competitiva interna contribuye a documentar perfectamente el proceso, estableciendo en realidad cómo está operando y no cómo en apariencia debe ser según el manual de procedimientos.

El tipo *competitivo* es una comparación directa con la organización considerada como la mejor en el sector de actividad. Los candidatos para realizar la investigación son competidores directos. Obviamente, son candidatos a quedar en la lista final de socios, ya que toda organización está interesada en saber cómo lo hace frente a sus competidores.

Cuando se lleva a cabo este tipo de comparación, debe ser muy claro para todos que el objetivo básico es intercambiar información sobre procesos, no sobre precios o asuntos legales que pueden acarrear problemas con la legislación de protección al consumidor. Estos temas no hacen parte de un proceso de comparación competitiva.

Los procesos objeto de referencia son genéricos, similares, aun en otros sectores de actividad. La facturación de productos es un proceso genérico para empresas públicas de servicios públicos, para una universidad, para una industria o para una aerolínea.

Los premios nacionales de calidad en todo el mundo han incluido el proceso de referencia competitiva como uno de sus criterios de evaluación, contribuyendo a derrumbar barreras entre competidores directos. Por supuesto que los ganadores de estos premios son candidatos excepcionales para ser socios en el aprendizaje. En muchos países los ganadores del premio nacional a la calidad están obligados a compartir sus experiencias con cualquier organización que lo requiera. Estas son las mejores respuestas para quienes son escépticos con este tipo de comparación. No por esto significa que el aprendizaje entre competidores sea fácil y requiera mucha inteligencia en su ejecución.

Si escuchar la voz de los competidores directos definitivamente no es posible por diferentes circunstancias, ese no es el fin del mundo, pues por las consideraciones indicadas en los párrafos anteriores existen otras organizaciones que ejecutan los mismos procesos con prácticas eventualmente mejores que las de los competidores, allí nacen los otros dos tipos: funcional y genérico. En el Cuadro 6 se presenta una síntesis de los diferentes tipos de comparación competitiva.

¿Cuáles procesos es importante comparar?

Como se indicó en el Capítulo 3, el número de megaprocesos o procesos macro en una organización pueden ser una docena, divididos en procesos gerenciales, esenciales u operativos y de soporte o apoyo. Al hacer una discriminación detallada en procesos y subprocesos (véase Capítulo 3) es posible encontrar en una organización de tamaño mediano un número que oscila entre 50 y 200 procesos distintos de trabajo, de responsabilidad funcional. No tendría ninguna lógica administrativa realizar una comparación competitiva a todos ellos. Ninguna organización tiene los recursos necesarios para comparar este número de procesos y obtener su mejoramiento.

La respuesta está en la relación existente entre el despliegue de políticas, y los procesos, tema tratado en el Capítulo 2. La clave está en darle prioridad a los procesos organizacionales que afectan las políticas de mejoramiento y por ende los resultados de la organización, dentro de las áreas estratégicas definidas. Esos procesos deben ser ordenados según su importancia hasta obtener los más críticos. Porcentualmente, se trata del 15 al 20% del total de procesos. Son los "pocos vitales" sobre los cuales se concentraría el proceso de comparación competitiva, programando en el largo plazo el 80% restante para ser sometido también a investigación, tomando en consideración que el

Cuadro 6
Tipos de comparación competitiva

Tipo	Definición	Ventajas	Desventajas
Interno	Procesos similares en otro departamento, división o filial dentro de la misma organización.	Recopilación fácil de información. Buenos resultados en organizaciones diversificadas. Relativamente rápido.	Foco limitado Paradigmas internos Miopía externa.
Competitivo	Referencia competitiva con los competidores directos en un mismo segmento de mercado	Información útil con relación al desempeño de la organización. Tecnologías y prácticas comparables. Intercambio profesional de información. Colaboración para hacer comparación competitiva en áreas donde no existen patentes. Oportunidad para abrir mentes cerradas.	Recopilación difícil de datos. Limitaciones por el discurso ético. Temores y actitudes antagónicas con referencia competitiva. Los primeros proyectos son por lo general un proceso largo con muchas espinas.
Funcional y genérico	Comparación competitiva con organizaciones en cualquier sector de actividad, acreditadas por tener lo más avanzado en procesos, productos o servicios.	Buenas posibilidades para hallar prácticas innovadoras. Desarrollo de redes de información profesionales. Acceso a base de datos. Cambios de paradigmas.	Se limita a un área funcional: ventas, compras. Dificultades para transferir prácticas a un medio distinto. Alto consumo de recursos.

ciclo completo de un proceso de referencia competitiva demora varios meses y por tanto la escala de tiempo son años de trabajo.

La mejor práctica conocida hasta el momento para escoger los procesos críticos que serán sometidos a comparación competitiva es el uso de las matrices de prioridad, conocida como una de las siete técnicas de planeación y gerencia, tema tratado en el Capítulo 9. El uso de las matrices de prioridad permite realizar, de una manera relativamente simple pero eficaz, un estudio analítico y completo de todos los procesos.

Este es un trabajo para la alta gerencia de la organización que tendrá la responsabilidad en la fase de planeación definir a qué procesos se les va a hacer la referencia competitiva. Se parte de todos los procesos que integran el plan estratégico de mejoramiento. Éstos representan las diferentes opciones a ser evaluadas.

El primer paso es definir los criterios que el grupo de altos gerentes utilizará para evaluar todos los procesos. Se pueden utilizar tantos criterios como se desee. Definidos los criterios, se construye la primera matriz, conocida como la matriz de criterios, en la que se evalúa la importancia relativa de cada criterio escogido en comparación con los demás. El Cuadro 7 muestra un ejemplo de lo que es la matriz de criterios.

En este caso, los altos gerentes han acordado por consenso que aplicarán cuatro criterios de evaluación, que van a ser aplicados para evaluar todos los procesos candidatos a ser comparados competitivamente. Estos gerentes consideran el personal requerido para realizar la comparación y conocimiento que adquiera la empresa como los criterios más importantes, luego le siguen en orden de importancia el costo de la comparación y el tiempo demandado por la investigación.

Cuadro 7
Matriz de criterios

Criterio	Importancia relativa (%)
Personal requerido	30
Conocimiento adquirido	30
Costo de la comparación	23
Tiempo para obtener resultados	17
Total	100

El siguiente paso es construir una matriz para cada uno de los criterios escogidos, de manera tal que se evalúan todos los procesos candidatos en relación con ese criterio en particular. La matriz del criterio costo, por ejemplo, presentaría la importancia relativa que tiene un proceso con respecto a otro desde el punto de vista del costo en que incurriría la organización al compararlo competitivamente. En nuestro ejemplo, se tendrían cuatro matrices distintas, una para cada criterio: personas requeridas, conocimiento adquirido, costo de hacer la comparación y tiempo demandado por la investigación. El resultado individual de cada una de ellas, se presenta en el Cuadro 8.

Por último, en lo que se conoce como la matriz resumen, se combinan todos los criterios con todos los procesos. Tal y como su nombre lo sugiere, los datos de la matriz de criterios y los de cada una de las matrices individuales, para cada criterio, se suman para obtener finalmente el orden de clasificación de los procesos al ser evaluados por todos y cada uno de los criterios de evaluación.

En el Cuadro 8 se presenta una matriz resumen donde se han evaluado ocho procesos candidatos en relación con cuatro criterios de evaluación diferentes.

Cuadro 8
Matriz resumen de evaluación

Proceso	Personal	Conocimiento	Costo	Tiempo	Totales (%)
F	0.36x0.3=0.10	0.28x0.3=0.084	0.25x0.23=0.057	0.24x0.17=0.408	29.0
D	0.15x0.3=0.04	0.25x0.3=0.075	0.13x0.23=0.029	0.20x0.17=0.034	18.4
H	0.10x0.3=0.03	0.08x0.3=0.024	0.18x0.23=0.041	0.04x0.17=0.068	10.2
A	0.05x0.3=0.01	0.15x0.3=0.045	0.12x0.23=0.027	0.04x0.17=0.068	9.4
E	0.07x0.3=0.02	0.03x0.3=0.009	0.08x0.23=0.018	0.23x0.17=0.039	8.8
G	0.15x0.3=0.04	0.01x0.3=0.003	0.15x0.23=0.034	0.02x0.17=0.003	8.6
B	0.07x0.3=0.02	0.10x0.3=0.030	0.04x0.23=0.009	0.11x0.17=0.019	7.9
C	0.05x0.3=0.01	0.10x0.3=0.030	0.05x0.23=0.011	0.12x0.17=0.020	7.7
Total					100

Esta matriz resumen presenta los resultados de cada matriz individual y la suma de todas ellas. Están detalladas las operaciones matemáticas para los cuatro criterios. La última columna presenta los resultados en orden descendente. El proceso F contaría con la primera opción para ser sometido a una comparación competitiva, ya que al ser evaluado, tomando en consideración todos los criterios ha obtenido la calificación más alta. Nótese que el orden es diferente, si se toma individualmente cada criterio por separado.

En definitiva, esta metodología permite establecer un orden de importancia en relación con todos los posibles procesos de una organización que podrían ser sometidos a referencia competitiva. Ayudando asimismo a la asignación de recursos y a elaborar un plan de acción en el mediano y largo plazo.

¿Cómo realizar el aprendizaje?

En la etapa de ejecución, es básico en primer lugar documentar el proceso interno que va a ser sometido a comparación competitiva. Asimismo, la otra actividad grande consiste en obtener información externa para identificar quiénes son los mejores en el proceso objeto de investigación.

Las fuentes primarias son las universidades y asociaciones profesionales alrededor del mundo. La mayoría de ellas posee un portal en la red mundial de computadores y se puede acceder a su biblioteca virtual, donde aparece valiosa información acerca de conferencias, bases de datos, viajes de estudio, informes y publicaciones. También se han creado asociaciones especializadas en el tema de comparación competitiva con ayudas similares.

Existe importante información no publicada que está disponible para el público. Esta información reposa en la cabeza y en las notas de individuos o grupos que tienen experiencia con el proceso objeto de investigación. Esta información se puede obtener a través de entrevistas, encuestas o visitas.

Los asesores, consultores, son otra fuente valiosa de información. Ellos están permanentemente investigando los mejores sistemas, procesos, prácticas. La naturaleza de su trabajo les permite tener la oportunidad de observar personalmente las operaciones de muy diversas organizaciones, en diferentes ambientes.

El asesor le cuenta lo bueno, lo malo y lo feo. Con él se obtiene un punto de vista objetivo. Los asesores están empeñados en hacer funcionar un proceso dentro de una organización. El asesor le entrega una visión no sesgada del proceso total y de las etapas individuales dentro del mismo.

Un consultor provee un velo de anonimato. Puede actuar como una tercera parte, proveyendo datos sin divulgar fuentes específicas. Normalmente las
mejores organizaciones están deseosas de ser reconocidas como tales y dan
permiso al asesor para dar su nombre y documentar sus procesos.

También se pueden investigar otras fuentes expertas como son los profesores universitarios y estudiantes de posgrados, maestrías y doctorados, quienes por definición están desarrollando investigaciones sobre organizaciones y
procesos, especialmente en las facultades de administración, ingeniería industrial y economía. Asimismo, observadores industriales y columnistas especializados, firmas de alta tecnología, organismos internacionales de
investigación, agregados en embajadas y entidades internacionales son posibles fuentes para iniciar la comparación competitiva. No descuide sus amigos
y compañeros de estudio que pueden tener la llave que Ud. está buscando.

Posibles socios son también sus proveedores, clientes y entidades relacionadas con su organización. La relación de actividades que se tiene con
cada uno de estos grupos permite considerarlos como otra fuente de información muy importante.

Otra fuente muy valiosa son las organizaciones que han sido galardona-
das con premios nacionales a la calidad, a la productividad, a la gestión humana, al mérito exportador, etc. La ventaja es el acceso. En el caso de los ganadores
del premio a la calidad, por regla general, de acuerdo con las obligaciones
previstas en la reglamentación del premio, deben compartir sus experiencias
con cualquiera que desee estudiarlas.

Desde 1992 han surgido "centros de *benchmarking*", por lo general se
trata de organizaciones sin ánimo de lucro que proveen servicios para afiliados y no afiliados tales como entrenamiento, conferencias, empresas referen-
tes, consultores. Los afiliados adicionalmente tienen acceso a reuniones de
grupos de interés, red de información electrónica, publicaciones periódicas,
bases de datos, servicios de contacto con organizaciones, recursos de finan-
ciamiento, misiones de estudio a otros países. Estos centros exigen a los afiliados la firma de un código de conducta que incluye normas legales, éticas y
protocolarias. En Colombia, la Corporación Calidad está desarrollando un
centro de *benchmarking*. En Estados Unidos existe el International Benchmarking Clearinghouse (IBC) que es un servicio del American Productivity and
Quality Center, y el American Management Association (AMA).

La idea es elaborar una lista de fuentes externas. Esta actividad es una de
las más largas. Demanda muchos recursos, en especial tiempo.

El equipo humano responsable por la investigación competitiva tiene la responsabilidad de recopilar la información inicial pertinente de cada fuente. Puede utilizar la técnica de las matrices de prioridad para establecer cuáles serán las fuentes que definitivamente van a ser consultadas.

La metodología puede ser la de construir una base de datos que se va actualizando en la medida en que se desarrolle el proyecto de comparación competitiva.

El análisis de las fuentes de información conduce a la definición del socio o socios de la comparación. Son las organizaciones con las que se va a intercambiar la información sobre el proceso de comparación competitiva y que el equipo de trabajo considera que se desempeñan mucho mejor. De la lista de posibles socios, excluya aquellos que no sean relevantes, inaccesibles o poco innovadores. Tales candidatos deben ser contactados y desarrollar un proceso de acercamiento que finaliza con un acuerdo formal entre las dos organizaciones para adelantar la investigación.

Su organización obtendrá la misma reciprocidad en la medida en que esté dispuesta a entregar información. Por tanto, antes de cualquier acercamiento debe establecer en qué aspectos estaría renuente a compartir información de su proceso. Ya se hizo énfasis en que temas de precios o secretos tecnológicos como fórmulas no son objeto de referencia competitiva. Es recomendable establecer un código de conducta para conocimiento tanto interno como externo sobre las actividades de referencia competitiva. El profesionalismo y la transparencia con que su organización plantee la comparación serán determinantes en la consecución de socios en la investigación.

La documentación y análisis del proceso son los insumos para que el grupo investigador elabore una lista de aspectos específicos para preguntar a su socio. La lista debe enfocarse en obtener información detallada acerca de las prácticas utilizadas y comprender muy bien el sistema usado de medición de las actividades y resultados del proceso. También, debería indagar sobre los planes existentes para mejorar aún más el desempeño del proceso. La elaboración de un cuestionario que además incluya aspectos donde se requiere información adicional puede ser de gran ayuda en las visitas de campo que se realicen al socio. Recuerde que el objetivo es entender por qué son mejores.

Con base en los informes de las visitas de campo a los socios, el equipo investigador deberá presentar las conclusiones del estudio comparativo al cliente interno.

A partir de este punto, el equipo de trabajo debe incorporar totalmente al cliente interno para identificar las acciones correctivas que deben tomarse en el proceso objeto de comparación, con el fin de adoptar o adaptar las prácticas aprendidas. Este equipo tiene la responsabilidad de adelantar el plan de implantación de las acciones correctivas pertinentes.

El objeto aquí es evaluar todas y cada una de las acciones correctivas potenciales, determinando cuáles merecen implantarse en términos de su efectividad, tiempo y costo para el mejoramiento del proceso evaluado y desarrollar un plan de implantación de las mismas.

Dicho plan debe tener el apoyo de la alta gerencia, de tal manera que se cuente con la asignación de los recursos requeridos. Algunas organizaciones definen un equipo de trabajo para la implantación diferente al que realizó la investigación, colocando a la cabeza del mismo al cliente interno de la investigación y a las personas que realizan el proceso investigado. Ambas alternativas han probado ser buenas y el camino a seguir dependerá básicamente de las creencias que tengan los gerentes sobre las ventajas y desventajas inherentes a uno u otro enfoque.

El equipo responsable debe hacer un seguimiento detallado a las acciones correctivas implantadas y medir su efecto en los indicadores de gestión del proceso mejorado. Quizás el mejor método sea una comparación en los niveles de desempeño del proceso, mediante la medición de los indicadores de gestión utilizados, mostrando la situación antes y después de las modificaciones hechas en el proceso.

Por último, se desarrolla una actividad de mantenimiento de la base de datos del proceso. El mejor candidato para esa responsabilidad es el ente coordinador de calidad en la empresa, sea una persona o un grupo de trabajo asignando esa responsabilidad. Así se tiene información confiable y actualizada sobre los procesos estratégicos de la organización, disponible para la toma de decisiones en la gerencia.

Con la actualización de la base de datos, se finaliza y reanuda el proceso de comparación competitiva, ya que es un proceso cíclico continuo, una y otra vez para aprender de los mejores.

Capítulo 8. EL COSTO DEL PROCESO

Administración total de costos

Este capítulo expone las metodologías desarrolladas para conocer el costo de un proceso. Hasta finales del siglo XX, y aun en la actualidad, muchas organizaciones persisten en mantener sistemas de costo inventados en las primeras décadas del siglo pasado para organizaciones que pensaban en el producto, no en los procesos.

El foco de atención de los sistemas clásicos de costos ha sido conocer cuánto cuesta la prestación de un servicio o la fabricación de un bien. Así surgieron el costo estándar, el costo primo, el costo histórico, los costos directos e indirectos y, finalmente, el sistema ABC (Activity Based Cost) que surgió como una metodología para obtener costos de producto más precisos.

La evolución del sistema de costo total de calidad y el sistema ABC ha convergido en un sistema de información enfocado en la mejora de los procesos de una organización, denominado administración por actividades o ABM (Activity Based Management).

Como se ha visto en los capítulos anteriores, el objetivo último en la gerencia de procesos, es su mejoramiento sistemático, desde su identificación y clasificación, discriminación de sus actividades constitutivas y relaciones para determinar, mediante indicadores y medidores, las oportunidades para mejorar la satisfacción del cliente, reducir el desperdicio en todas sus formas, disminuir los costos, reducir el tiempo del ciclo y aumentar la flexibilidad.

En las organizaciones con cultura de calidad total, todas las actividades de la organización están relacionadas e incluidas en un proceso, por tanto, el modelo de costos en estas empresas refleja el total de costos de cada proceso y no solamente ciertos costos identificables que finalmente se relacionaban con los resultados finales.

Con esto queremos decir que además de contar con un sistema que permita asignar costos a objetos de costo de acuerdo con las actividades realizadas, que es lo que en esencia hace el sistema ABC. La gerencia requiere contar con información necesaria para mejorar los procesos en la organización como parte intrínseca de su mejora continua. La Figura 14 muestra la relación entre las dos dimensiones de información, donde el núcleo está constituido por las actividades.

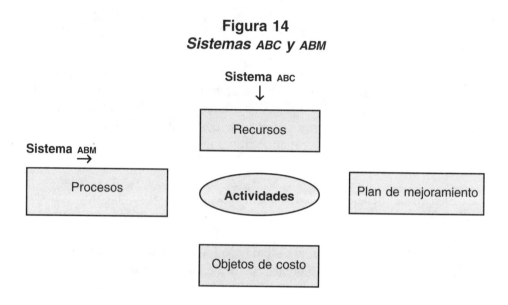

Figura 14
Sistemas ABC *y* ABM

Se trata pues de dos sistemas complementarios. El ABM utiliza la información suministrada por ABC y a través de distintas herramientas de análisis se concentra en el mejoramiento de los procesos en la organización, el punto de encuentro son las actividades.

No es el objetivo de este libro presentar el sistema ABC, esto es, la metodología para la asignación de costos, que corresponde a la parte vertical de la Figura 14. El lector interesado puede consultar la prolífera bibliografía existente sobre el tema.

Nos concentraremos en la dimensión horizontal del modelo, esto es, en el sistema ABM, la visión horizontal del proceso de administración total de costos.

El sistema ABM

La organización requiere tener información acerca de los eventos que influyen en la realización de las actividades dentro de sus procesos y del desempeño de los mismos. En otras palabras, la clave está en conocer qué causa la realización del proceso, cuál es su efectividad y cuáles son las relaciones entre cada actividad y las demás actividades al interior de un mismo proceso y entre procesos. Esta información la utiliza la gerencia para mejorar su desempeño global, que no es otra cosa distinta a mejorar sus procesos gerenciales, esenciales y de apoyo y aumentar rentablemente el valor ofrecido a sus clientes externos.

La información básica del ABM la constituyen los factores claves de costo (*cost drivers*) y las medidas de desempeño del mapa de procesos de la organización. Esta información combina la información financiera con la no financiera y es útil para interpretar y mejorar cada actividad y cada proceso.

Los factores claves de costo son eventos que causan un cambio en el costo total de una actividad, ya que definen la carga de trabajo y el esfuerzo requerido para llevar a cabo una actividad. La importancia de los factores claves de costo es que nos indican oportunidades de mejoramiento. Por ejemplo, un alto número de quejas en el servicio puede ser indicativo de mala atención personalizada por parte de los prestadores del servicio, la inexistencia de un protocolo de servicio o no seguimiento del procedimiento existente, o quizás la inadecuada capacitación de las personas que atienden directamente al público.

De otro lado, los indicadores de desempeño son medidas, financieras o no, que están midiendo las actividades y los resultados del proceso y llaman la atención sobre aspectos importantes del mismo, tales como eficiencia, productividad, tiempo requerido para completar la actividad, la satisfacción del cliente.

Al combinar la información de costos con la no financiera, el gerente de un proceso posee mejor y mayor información acerca del proceso bajo su responsabilidad, facilitando la toma de decisiones, la comprensión y el mejoramiento del proceso.

El costo total de calidad

Históricamente, el concepto de costo total de calidad sugería que los costos relacionados con la calidad y los resultados finales en una organización se podían identificar y clasificar en tres grandes categorías. Los costos relativos a la calidad se clasifican, entonces, en costos de prevención, costos de apreciación (conocidos también como costos de evaluación) y costos de fallas, tanto internas como externas.

Cuando se desarrolló la metodología del costo total de calidad (Feigenbaum, 1961), se distinguía claramente entre su componente operativo que tiene que ver con las categorías de prevención y apreciación y su componente de planeación, relacionado con el diseño de la operación. Este modelo utiliza muchos recursos identificando y clasificando los costos en prevención, apreciación y fallas.

No obstante, algunas clasificaciones pueden ser difíciles e insatisfactorias. Por ejemplo, hoy, las personas tienden a ser polifuncionales. Muchas veces, no se puede hacer una distinción entre un componente de prevención y otro de apreciación en una actividad, pues la persona puede desempeñar diferentes papeles al mismo tiempo, es el dueño del proceso, diseñador, ejecutor, inspector e innovador. Por tanto, la pregunta es si tiene sentido que haya una distinción en los costos de personal en términos de prevención, apreciación o fallas.

En otros casos, los procesos modernos hacen obsoleta dicha distinción. Algunos ejemplos: el diseño, simulación y manufactura asistidos por computador (CAD/CAM), conocida como la ingeniería concurrente, ¿son actividades de prevención o de apreciación? La asistencia que se brinda al usuario con la ayuda de tecnología de información, tanto en empresas de servicios como en industrias, ¿es prevención o apreciación? Un costo de revisión de un diseño puede ser justificado en cualquiera de las tres categorías, es una actividad de prevención, pero es esencial un chequeo y de esta manera puede ser considerado como un costo de apreciación; además, el objetivo de la actividad es detectar fallas de diseño, en su etapa básica, esto puede ser enfocado como costos de fallas.

En consecuencia, asignar los costos del proceso, ya sea que hablemos de una actividad, un subproceso, un proceso o toda la organización, como de prevención, apreciación y fallas, puede desviar la atención hacia el verdadero propósito del ABM que consiste en medir el desempeño del proceso, introducir mejoras y medir los efectos de esos cambios. Sin embargo, el tener establecido un sistema tradicional de costo total de calidad es una base muy sólida para mejorar el modelo de costos del proceso y rápidamente se pueden hacer los ajustes del caso.

Análisis de valor al proceso

La mejor manera que se ha desarrollado hasta la fecha para conocer el costo de un proceso consiste en realizar un análisis de valor al mismo.

Todas las actividades dentro de un proceso pueden ser clasificadas en dos grandes tipos, actividades que agregan valor y actividades que no agregan valor.

Después de documentar el proceso, para conocerlo, y como se ha dicho, en tal comprensión es útil usar herramientas de ayuda como el diagrama de flujo de proceso, el equipo de mejoramiento del proceso mancomunadamente puede preguntar para todas y cada una de las actividades descritas en el diagrama, ¿esta actividad agrega valor o no al proceso?, realizando un análisis por actividad o por segmentos del proceso.

La información necesaria para este análisis incluye tres factores: tiempo de ciclo, costo y percepción de valor por parte del cliente. Las actividades que añaden tiempo y costo innecesarios, sin añadir valor a los ojos del cliente, son las principales oportunidades de mejoramiento en el proceso.

Después de describir el proceso, que se han identificado todas sus actividades, el paso siguiente consiste en recolectar información sobre el tiempo del ciclo. El tiempo del ciclo del proceso es el tiempo total requerido para completar todo el proceso, desde la actividad inicial hasta la actividad final, de acuerdo con el diagrama de flujo del proceso.

La definición del tiempo de ciclo del proceso permite calcular la eficiencia del ciclo. Si todas las actividades son de procesamiento, la eficiencia será de 1 o del 100%. En la vida real, al tiempo total de procesamiento se adicionan tiempos de no procesamiento, debido a la ejecución de actividades que no son esenciales, ni agregan valor al proceso.

Eficiencia ciclo = [t del ciclo]/[t del ciclo + tiempo no procesamiento]

El nivel de eficiencia del proceso, medido desde la perspectiva del porcentaje de la eficiencia del ciclo es un indicador útil acerca del potencial de mejoramiento del proceso.

Paralelamente, se puede calcular también los costos de los recursos consumidos durante la ejecución del proceso de manera acumulada.

Por último, en el análisis del proceso, se debe hacer una evaluación del valor añadido en cada actividad o en cada subproceso del proceso global. Las actividades que agregan valor son aquéllas por las cuales existe el proceso, son la razón de ser del mismo. Los clientes pagan por su realización.

De otro lado, las actividades que no agregan valor, pueden dividirse en esenciales y no esenciales. Las primeras no agregan valor a los ojos del cliente, pero son esenciales porque si no se ejecutan no se puede desarrollar el proceso. Las segundas no añaden valor ni al cliente ni al proceso, actividades tales como almacenar, esperar, chequear y aprobar.

El dueño del proceso con el equipo de mejoramiento puede analizar el proceso, formulando algunas preguntas esenciales, por ejemplo, ¿si su cliente pudiera escoger, estaría dispuesto a pagar por esta actividad? ¿Qué sucedería si se elimina por completo esta actividad, este subproceso o eventualmente todo el proceso, le importaría al cliente, quiénes se verían afectados? Y ¿si se elimina esta actividad o este segmento del proceso, las salidas del proceso todavía cumpliría con los requerimientos del cliente?, ¿es posible combinar diferentes pasos, ejecutar en paralelo varias actividades o realizarlas en un orden distinto, cuáles son las consecuencias?

La clasificación de cada actividad del proceso en una de las tres categorías permite al gerente del proceso eliminar todas las actividades que no agregan valor y que no son esenciales. Asimismo, debe minimizar el uso de actividades que no agregan valor pero que son esenciales y dejar todas aquéllas que agregan valor a los ojos del cliente.

En principio, es importante colocar atención a procesos muy complejos con un número muy grande de actividades, con muchos niveles de aprobación, la firma de muchas personas en distintos niveles de autoridad. Debe ponerse atención a procesos con un alto tiempo de ciclo, ya que entre mayor sea el tiempo requerido, crece la probabilidad de la existencia de pasos que no agregan valor.

La productividad del valor agregado

La productividad se ha definido como el rendimiento de los recursos utilizados por sistema, ya sea un país, un sector de la economía, una organización, una fábrica, una división, un proceso, una actividad, etc.

Los ingenieros industriales han brindado una definición operativa, y calculan la productividad como la relación entre las salidas y las entradas.

$$Productividad = Salidas \: / \: Entradas$$

Las salidas pueden medirse en términos cuantitativos financieros o no financieros, tales como el número de servicios prestados, volumen de operaciones, unidades producidas, volumen de ventas, entre otros. Las entradas pueden medirse con diferentes medidores tales como el número de personas que trabajan en el sistema, la cantidad de días trabajados, el costo de personal, etc.

Creemos que en el numerador se deben contabilizar solamente las salidas aceptables del sistema. Con esto se quiere hacer énfasis en lo siguiente, ¿qué hacer con las salidas o productos en los que la organización ha invertido recursos y que no satisfacen al cliente o que se han detectado como deficientes antes que lleguen al mercado?

En muchos casos, tales costos se convierten en entradas adicionales para la organización en la forma de costo de mala, pobre o no calidad. Por tanto, la productividad podría calcularse como:

Productividad=Salidas aceptables/[Total entradas+Costos mala calidad]

En esta perspectiva, la productividad está en función de los costos de mala calidad.

Para una medición más exacta de la productividad de una organización, se podría deducir de sus salidas aceptables, aquéllas que han sido compradas a otras organizaciones.

La idea es medir la productividad como un índice o factor económico, usando como medidor la capacidad que tiene una organización para producir valor agregado a través del capital humano y los recursos de que dispone la organización, expresados en términos económicos. A esto se le conoce como productividad del valor agregado.

PVA = (Salidas aceptadas–Salidas adquiridas)/(Total entradas + Costos mala calidad)

Contabilizando todos los elementos por su valor financiero, entonces se tendría:

$$PVA = VT / TCG$$

Donde,

PVA =   Productividad del valor agregado

VT =   Valor ventas totales

TCG =   Total de costos y gastos

En el total de costos y gastos, las organizaciones tradicionalmente incluyen el costo de ventas, los gastos de operación, pero olvidan dos costos importantísimos: el costo del capital total invertido, entendido como la deuda y el patrimonio aportado por los dueños de la empresa, y los costos de mala calidad.

El problema de no incluir el costo del capital total invertido radica en una situación contradictoria pero bastante común, la gerencia puede estar reportando utilidades pero estar destruyendo valor.

Asimismo, los esquemas tradicionales olvidan el efecto de los costos de la mala calidad, todos los daños causados a la organización, ya sean fallas internas o externas, directas o indirectas que, de acuerdo con varias investigaciones, arrojan cifras para pensar. El costo de mala calidad puede representar entre el 20% y el 30% de los ingresos operacionales de una organización.

El costo de mala calidad es daño total causado por procesos ineficaces e ineficientes en la organización, expresado en términos económicos. Algunos ejemplos de estos daños son los siguientes.

Daños internos directos: defectos, fallas, errores, segundas, repeticiones del trabajo, materiales desechados, descuentos, inventarios en exceso.

Daños internos indirectos: rotación de personal, incumplimiento del programa de entregas del producto, tiempo muerto.

Daños externos directos: reclamos sobre garantías, sanciones y multas por mal servicio, reposiciones.

Daños externos indirectos: deserción de clientes, clientes insatisfechos, ventas perdidas, pérdida de imagen corporativa.

Ésta puede ser considerada la medida de productividad más desarrollada y la que mejor toma en consideración la verdadera misión de las organizaciones, hacer las cosas correctas bien hechas, para satisfacción de sus clientes, de sus empleados y agregar valor económico a sus dueños.

Capítulo 9. TÉCNICAS ÚTILES EN LA GERENCIA DE PROCESOS

En la aplicación del modelo de mejoramiento de procesos, expuesto en el Capítulo 4, se pueden usar varias técnicas y herramientas, cada una con un propósito definido. Todo dueño de proceso y las personas que trabajen en un equipo de mejoramiento de proceso deben conocerlas y aplicarlas para mejorar la efectividad y desempeño del proceso bajo su responsabilidad, ya que la aplicación de estas técnicas en el 95% de los casos logra conducirnos al objetivo de mejoramiento definido. Este es el "arsenal" esencial de técnicas y herramientas conocidas para el mejoramiento de los procesos. Por supuesto, se pueden utilizar muchas más pero exigen conocimientos mucho más especializados que la mayoría de las personas en una organización no posee. Sólo en pocos casos, se requiere acudir a técnicas o herramientas de mayor complejidad.

Se han desarrollado con el tiempo dos grandes grupos de técnicas y herramientas, conocidas como las "herramientas básicas" y las "técnicas de planeación y gerencia", cada uno de ellos conformado por siete técnicas. Las técnicas básicas han sido diseñadas para el análisis de datos, el control del proceso, diagramarlo, el análisis de las posibles causas de los problemas presentes en el mismo. De otro lado, las técnicas de planeación y gerencia ayudan en el establecimiento y desarrollo de planes, anticipar problemas, establecer relaciones, planear la asignación de recursos con criterios definidos y programar actividades.

Analizaremos en este capítulo cada una de las catorce herramientas que conforman los dos grandes grupos señalados. Para cada una de ellas se ha estructurado un ejemplo, ilustrando paso a paso su alcance, en términos de responder los siguientes interrogantes: ¿qué es?, ¿para qué sirve?, y ¿cómo se usa?

Las siete técnicas básicas

Las técnicas básicas que se aplican en la gerencia de procesos, conocidas también como técnicas de control de calidad, son las siguientes:

1. Análisis de Pareto
2. Diagrama de causa y efecto
3. Hoja o lista de chequeo
4. Diagrama de flujo
5. Histograma
6. Diagrama de dispersión
7. Gráficos de control

Análisis de Pareto

Esta técnica debe su nombre al economista italiano Vilfredo Pareto (1848-1923), quien estableció en sus estudios de distribución de la riqueza en Italia que una pequeña proporción de la población de esa nación poseía la mayor parte de la riqueza. Él no fue consciente que había descubierto un principio universal, según el cual un número relativamente pequeño de factores o causas son responsables de un porcentaje desproporcionadamente alto de las ocurrencias de algunos eventos.

Quien estableció el principio fue Joseph Juran, uno de los pioneros del movimiento de calidad mundial. Típicamente, el análisis de Pareto muestra que alrededor del 80% de las ocurrencias de un evento caen en el 20% de las categorías que lo generan. Por tal motivo, se le conoce también como el principio 80/20. Juran acuñó la frase "los pocos vitales y los muchos triviales", ya que un análisis de Pareto permite distinguir los pocos factores vitales de los muchos factores triviales, permitiendo asignar prioridades en la asignación de recursos para enfocar el mejoramiento en los pocos vitales, pues trabajando en ellos se espera obtener el mayor efecto en la solución de un problema de proceso, entendido este último como cualquier resultado indeseable presente en el proceso, ya sea en sus actividades o en los resultados.

El análisis de Pareto utiliza por lo general un gráfico, que permite tener una ilustración visual del principio. El gráfico puede elaborarse de diferentes maneras. Una consiste en recolectar los datos requeridos usando una lista de chequeo que muestre la frecuencia de ocurrencia en varias categorías.

El gráfico de Pareto representa la frecuencia de ocurrencia de los eventos medidos en cada categoría, de manera similar a como se hace en un histograma, pero las categorías se presentan de izquierda a derecha en orden de frecuencia descendente. Al presentar de esta manera la información, se facilita la comparación entre categorías con mayor frecuencia de ocurrencia de aquellas con las más bajas frecuencias, distinguiendo los pocos vitales de los muchos triviales.

La Figura 15 muestra cómo luce un gráfico de Pareto, analizando la frecuencia de ocurrencia en cada categoría previamente definida. Nótese que el gráfico tiene dos escalas en el eje vertical, en la izquierda se presenta la frecuencia o número de veces que ocurre el evento en cada categoría; y a la dere-

Figura 15
Gráfico de Pareto basado en frecuencia de ocurrencia

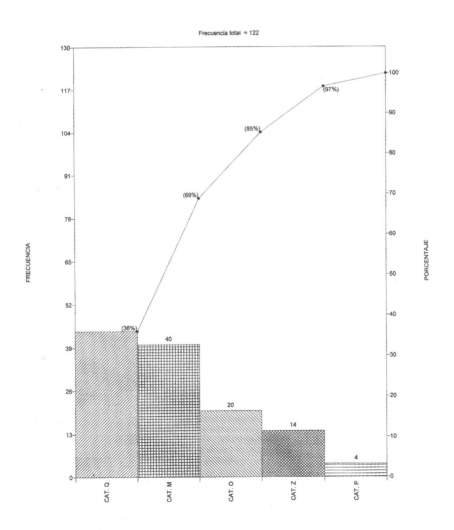

cha se presenta el porcentaje acumulado de ocurrencia. De esta manera, se puede establecer cuáles son las categorías que contribuyen de manera acumulada con el 80% del problema estudiado, o alrededor de esta cifra. Esas son las categorías que constituyen los pocos vitales del problema. Las demás sólo explican el 20% del problema y son la mayoría de las categorías estudiadas, representan los muchos triviales del problema.

En muchos casos es suficiente realizar el análisis de Pareto mediante la medición de la frecuencia de ocurrencia de un evento. Pero no es apropiado en todos los casos. En algunas circunstancias se requiere utilizar otros medidores, ya que la frecuencia de ocurrencia no es necesariamente el factor clave y las categorías con menor frecuencia de ocurrencia pueden ser las que requieran mayor atención. Esto es esencial entenderlo, porque un análisis de Pareto mal hecho puede conducir a desenfocar los esfuerzos de mejoramiento y por tanto a no lograr los resultados de mejora deseados en el proceso, comprometiendo los recursos asignados a tal esfuerzo.

Es posible, por ejemplo, que la categoría con la más baja frecuencia sea la más importante, porque es la más costosa o la de mayor impacto ambiental, o la que más afecta el bienestar de los empleados o la que mayores repercusiones tiene en la satisfacción del cliente. Por tanto, es la categoría con el mayor potencial de mejoramiento. Por ejemplo, cuando se analiza el proceso de quejas y reclamos en una compañía de seguros, una de las categorías con menor frecuencia de reclamos es por accidentes con muerte de pasajeros, pero es una de las más costosas, desde la perspectiva de indemnizaciones a pagar, imagen de la compañía de seguros y satisfacción a largo plazo de sus clientes.

Hay que tener cuidado entonces en los indicadores utilizados para hacer el análisis de Pareto. El primer paso consiste en realizar un estudio preliminar sobre las categorías o causas de ocurrencia en las que se va a centrar el análisis, con el propósito de establecer si todas tienen el mismo grado de importancia y si todas tienen el potencial de ocurrencia es el mismo. El resultado de este primer análisis nos dirá si es suficiente utilizar la frecuencia de ocurrencia como la única medida o si adicionalmente se debe pensar en otras medidas que realmente puedan identificar los factores que tienen el mayor efecto en la mejora del proceso.

Enfocarse exclusivamente en la frecuencia de ocurrencia es válido cuando se presentan las siguientes dos condiciones:

1. El grado de importancia es igual para todas las categorías, y
2. El potencial de ocurrencia es el mismo para todas ellas.

Ya se indicó cómo funciona la primera condición. La segunda sucede, por ejemplo, cuando en el proceso de atención al usuario de un banco, se clasifican los reclamos en una central telefónica según el día de la semana en que se presenta la queja. Aquí se desconoce el hecho que unos días de la semana son más congestionados en la operación bancaria que otros, lo que significa mayor oportunidad de recibir quejas en esos días.

De otro lado, en una industria que posee cinco líneas de producción, todas manufacturando el mismo tipo de producto, con similar capacidad de producción cada una, es válido utilizar la frecuencia de ocurrencia en el análisis de los tipos de defectos generados por el proceso productivo, ya que se cumplen las dos condiciones indicadas. En este caso, si el gráfico de Pareto muestra que una línea (categoría) produce mayor frecuencia de defectos críticos que las otras cuatro, significa que se tiene información valiosa para solucionar el problema.

Cuando no se cumplen las condiciones para usar solamente la frecuencia de ocurrencia, se puede desarrollar un método consistente en hacer una ponderación de las frecuencias observadas, utilizando un medidor que establezca la importancia relativa para cada categoría. Estos medidores pueden ser económicos o no. Es más, pueden ser no cuantitativos, basados en las opiniones del gerente del proceso y los integrantes del equipo de mejoramiento. Definido el medidor, se multiplica éste por la frecuencia observada en cada categoría. El siguiente ejemplo ilustra cómo se hace.

Cuadro 9
Análisis de Pareto ponderado

Categoría	Frecuencia	Costo por ocurrencia $	Costo ponderado $
M	40	4.800	192.000
O	20	1.200	24.000
Q	44	3.000	132.000
Z	14	6.000	84.000
P	4	3.000	12.000

Al observar los resultados, se puede analizar que ni la categoría con el mayor costo (Z), ni la de mayor frecuencia de ocurrencia (Q) son la categoría con el mayor costo ponderado (M). La Figura 16 muestra el gráfico de Pareto correspondiente al costo ponderado.

Figura 16
Gráfico de Pareto usando frecuencias ponderadas

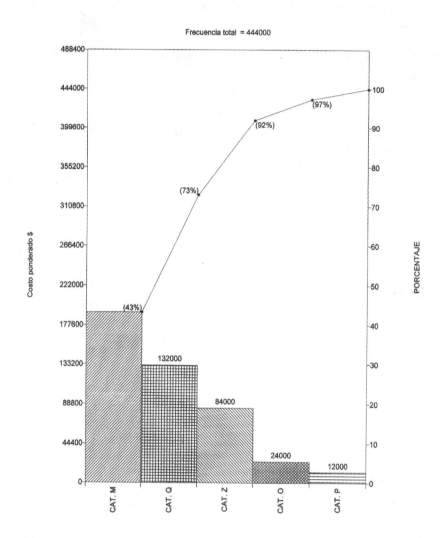

En el caso en que la ocurrencia potencial no sea igual para todas las categorías, como sucedería en el ejemplo de cinco líneas de producción con diferentes capacidades, ya que aquéllas con mayor capacidad de producción tendrán mayor potencial de generar productos defectuosos, es necesario establecer también una medida que revele la verdadera situación. Por ejemplo, se puede utilizar la tasa de ocurrencia de defectos, al dividir el número de productos defectuosos por el número de productos manufacturados en cada línea, es decir, se analiza el número de productos defectuosos por unidad, al establecer una misma área de oportunidad al tomar en consideración la capacidad de cada línea.

Algunas aplicaciones del principio de Pareto establecen lo siguiente:

- En unos pocos clientes está concentrada la mayoría de las ventas.
- La mayoría de las quejas y reclamos por un mal servicio, se deben a un pequeño número de causas.
- Unos pocos proveedores generan los mayores costos de mala calidad por elementos no conformes con lo solicitado.
- Unas pocas gamas de productos (bienes o servicios) contribuyen con la mayoría de las utilidades.
- La mayoría del ausentismo al trabajo se concentra en un reducido número de empleados.
- La mayoría del tiempo muerto se debe a unas pocas máquinas o equipos.
- La mayoría de las ventas se realizan en pocos sitios.
- Unos pocos ítems representan el mayor costo del inventario.

El análisis de Pareto es una de las mejores técnicas disponibles para iniciar el mejoramiento del proceso, ya que permite discriminar entre los pocos factores realmente importantes y los muchos que sólo contribuyen en pequeña escala a explicar los resultados indeseables en el proceso. De esta manera, se establece un curso de acción para solucionar los problemas, asignando prioridades muy definidas.

Diagrama causa-efecto

Esta técnica fue inventada por el japonés Kauro Ishikawa, otro de los pioneros del movimiento de calidad mundial, conocido también por ser el padre de los círculos de calidad.

Es recomendable utilizar esta herramienta después de haber efectuado el análisis de Pareto y no antes, porque se puede profundizar innecesariamente en tratar de encontrar las causas de un problema que no es relevante para el mejoramiento del proceso.

El diagrama causa-efecto, conocido también con los nombres de espina de pescado por su forma, o de Ishikawa por su autor, consiste en establecer cuáles son las posibles causas que generan un efecto indeseable o problema de proceso, mostrando en un diagrama el conjunto de posibles causas y sus relaciones mutuas que producen en efecto definido previamente.

La descripción de un problema no significa necesariamente que la solución está a la mano. Muchas veces no se tiene claro qué causa el problema y puede tomar tiempo, esfuerzo y una planeación efectiva descubrir las raíces del problema.

La aplicación del diagrama no se limita al análisis de los problemas de proceso, cataloga también las creencias que se tienen sobre causas concernientes a defectos de calidad, ineficiencias, propiedades del servicio o del producto, operaciones eficientes, satisfacción del cliente, aumento de productividad, valor económico agregado, entre muchas otras. Asimismo, el diagrama permite clarificar interrelaciones entre causas o características, y determinar dónde recolectar datos relativos a posibles causas raíz.

Un diagrama típico de causa-efecto se presenta en la Figura 17. En el extremo derecho del diagrama aparece el efecto que se quiere analizar. Normalmente, cada uno de los pocos vitales identificados en el análisis de Pareto es un efecto por analizar, investigando cuáles son las posibles causas que lo originan.

Para construir el diagrama, se representa el efecto en el extremo derecho de una larga flecha horizontal. Luego, se dibujan ocho flechas diagonales en dirección a la gran flecha horizontal central. Cada una de estas ocho flechas está identificada en su extremo con el nombre de los ocho posibles factores causales del efecto, éstos son: gerencia, materiales, métodos, máquinas, personas, medio ambiente, dinero y mediciones, agrupando las causas posibles por factor principal.

El siguiente paso consiste en determinar por qué cada factor puede ser causa del efecto, estableciendo relaciones de causa y efecto al interior de cada factor principal. La pregunta que se hace es ¿por qué las personas, por ejemplo, son causa posible de este efecto? En esta etapa de desarrollo del diagrama puede ser de utilidad acudir a técnicas como la tormenta de ideas o el diagrama de afinidad; véase en siete herramientas de planeación y gerencia, más adelante en este capítulo. Al hacer repetidamente la pregunta de por qué, finalmente se van incorporando las subcausas o causas de segundo y tercer nivel. Este proceso se continúa hasta que todas las causas o factores conocidos se hayan reflejado en el diagrama. Al final es posible que no aparezcan sino unas pocas causas principales discriminadas en subcausas muy específicas.

El diagrama causa-efecto refleja el conocimiento, la experiencia y las creencias del equipo humano que trabaja en el proceso. Como se puede

Figura 17
Diagrama de causa-efecto

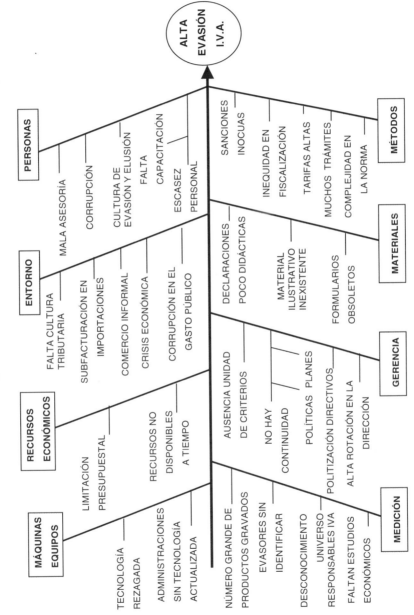

observar, se ha insistido en la frase "posibles causas", ya que en un diagrama de causa-efecto no se muestran las raíces del problema, sino la teoría que construye el grupo sobre lo que puede estar causando el efecto objeto de análisis. Para establecer las raíces se deben usar otras herramientas como el diagrama de dispersión o el diagrama de interrelaciones, explicados más adelante.

Hoja o lista de chequeo

¿Cuántas veces le ha sucedido que al llegar a su casa después de comprar víveres en un supermercado cae en cuenta que no compró cosas que se estaban necesitando y sí compró elementos que no se requerían? O al realizar un viaje de negocios, al momento de desempacar su maleta en el hotel observa que olvidó el cargador de baterías de su teléfono celular o la afeitadora eléctrica.

Otros ejemplos de estas listas son las órdenes de trabajo en un taller de mantenimiento de vehículos, donde aparece señalado cómo se recibió el carro, qué trabajos específicos se deben hacer y finalmente en qué estado se entrega el automóvil. Los pilotos de aviones utilizan mucho las listas de chequeo en cada vuelo para verificar que todo funciona adecuadamente antes, durante y al finalizar cada vuelo.

Una lista de chequeo permite recolectar datos, verificando de una manera estructurada el cumplimiento de ciertos requisitos establecidos, ayudando a recordar la lista completa de los mismos.

En el Cuadro 10 se presenta un ejemplo de una lista de chequeo aplicando la técnica a la creación de un manual de calidad que cumpla con los requisitos de la ISO 9001:2000. Esta técnica sencilla puede ser la salvación para asegurar que en el manual estén considerados todos los requisitos exigidos en la norma al sistema de calidad y es utilizada por muchos auditores externos de los organismos certificadores en sus revisiones al sistema. En el cuadro sólo aparecen discriminados dos de los requisitos exigidos por la norma.

El proceso de creación de la lista de chequeo es una actividad relativamente sencilla. Ya que el manual de calidad debe cubrir todos los requisitos de la norma, se necesita condensarla en un conjunto de requerimientos, sincronizando el numeral del requerimiento de la norma con el mismo número en su manual, por las ventajas evidentes de consulta que trae consigo esta práctica.

Cuadro 10
Lista de chequeo para el manual de calidad ISO 9001:2000

Numeral	Requerimiento	Localización en el manual	C	N
4	Sistema de gestión de calidad (SGC)	4		
4.1	Requisitos generales	4.1		
4.1.a	Identificación de los procesos	4.1.a		
4.1.b	Secuencia e interacción de los procesos en el SGC	4.1.b		
4.1.c	Criterios y métodos definidos	4.1.c		
4.1.d	Disponibilidad de información	4.1.d		
4.1.e	Acciones para lograr los resultados planeados	4.1.e		
4.2	Requisitos generales sobre documentación	4.2		
5	Responsabilidad de la dirección	5		
5.1	Compromiso de la dirección	5.1		
5.1.a	Importancia de los requisitos del cliente, reglamentarios y legales	5.1.a		
5.1.b	Política de calidad y objetivos	5.1.b		
5.1.c	Revisiones gerenciales	5.1.c		
5.1.d	Disponibilidad de recursos	5.1.d		
5.2	Orientación hacia el cliente	5.2		

La lista de chequeo del Cuadro 10 incluye para cada requisito principal, en este caso se ilustran sólo dos de ellos, los requisitos específicos. La columna con letra C significa que el elemento existe en el manual y cumple los requisitos exigidos en la norma. De manera similar, la siguiente columna con la letra N, significa que no se cuenta con ese elemento en el manual o que no es aceptable, por tanto, es una no conformidad con los requerimientos de la norma.

Diagrama de flujo

Un viejo adagio dice que "una imagen vale más que mil palabras". Sin duda ese es el mensaje que se quiere llevar a los gerentes y a los equipos de mejoramiento de procesos con el uso de esta técnica, ya que un diagrama de flujo remplaza la palabrería existente en muchos procedimientos muy bien escritos pero que no ilustran cómo es el flujo de un proceso.

Un diagrama de flujo es una técnica básica que permite describir gráficamente un proceso existente o uno nuevo propuesto, mediante símbolos, líneas y palabras simples, demostrando las actividades que se realizan desde un punto de partida hasta un punto final, las relaciones entre los diferentes actores, indicando quién hace qué y en qué secuencia se desarrolla el proceso.

La gran utilidad de un diagrama de flujo consiste en contar con un medio para que todas las personas relacionadas con el proceso obtengan una visión clara y concisa acerca de las principales actividades que se realizan en él. Esto permite detectar dónde no hay claridad sobre lo que se debe hacer o desviaciones entre lo que dice el procedimiento que debe hacerse y lo que en realidad se hace. Además, un diagrama de flujo es un medio muy eficaz para capacitar a las personas novatas en el proceso y són una base de documentación muy valiosa para comparar prácticas, es decir, la manera como desarrollan el mismo proceso otras organizaciones.

La Figura 18 presenta el diagrama de flujo del proceso de procedimientos de cardiología efectuados a pacientes en un servicio de consulta externa. El diagrama indica las actividades desarrolladas por cada uno de las tres personas que intervienen en el proceso, desde el momento que llega el paciente a la consulta hasta que se le entregan los resultados, actividad con la que finaliza el proceso.

En la construcción del diagrama de flujo tenga en cuenta las siguientes recomendaciones. Identifique cuál es la primera actividad, esto es, dónde se inicia el proceso. Luego identifique la última actividad, es decir, defina con qué actividad se termina el proceso. De esta manera, se establece el marco o alcance del proceso. Haga una lista de cada actividad principal y defina quién es el responsable de su ejecución. Mantenga un nivel de detalle consistente para cada actividad.

Utilice símbolos normalizados para ilustrar las actividades realizadas, por ejemplo, un rectángulo para denotar cualquier actividad, un rombo o diamante para indicar que en ese punto del proceso se debe tomar una decisión, un círculo pequeño con un número dentro del mismo para significar que existe una conexión entre diferentes segmentos del proceso, y una elipse para ilustrar dónde se inicia y termina el proceso.

En el proceso de la Figura 18, si el paciente no es apto, por sus condiciones de salud en esos momentos, debe seguir otro procedimiento dentro de la atención prestada, el conector 1 muestra tal evento.

Después de elaborar conjuntamente con todos los integrantes del equipo de mejoramiento del proceso, el gerente del proceso puede hacer las siguientes preguntas en relación con cada actividad:

Figura 18
Diagrama de flujo

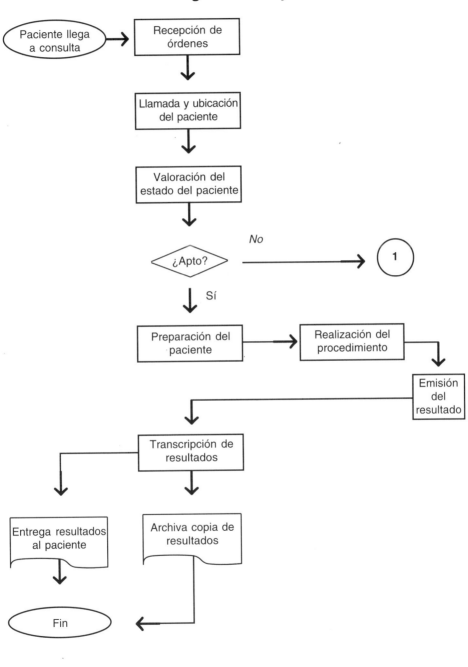

PACIENTE   ENFERMERA   MÉDICO /   MÉDICO
                                               ENFERMERA

- ¿Por qué se hace esta actividad? ¿Es realmente necesario este paso? ¿Por qué?
- ¿Puede eliminarse o combinarse con otra actividad?
- ¿Por qué guardamos esto, por qué lo trasladamos a otra parte, no se podría hacer aquí?
- ¿Por qué hay inspecciones tan frecuentes? ¿Por qué se necesitan tantas firmas de tanta gente?
- Si la gente tiene que referirse a documentación voluminosa para encontrar respuestas a estas preguntas, ¿existen maneras para simplificar, sintetizar u organizar la información para que sea más accesible, en menos tiempo?
- ¿Hay trabajo que se hace a último momento o que se tiene que repetir?

Ese trabajo de análisis de las actividades del proceso como realmente es, no como nosotros queremos que sea, permite detectar cambios necesarios en las actividades para volver más ágil el proceso, reducir su tiempo de ciclo, los costos asociados al uso de recursos y realizar sólo actividades que agreguen valor.

Histograma

De manera similar a lo expresado para el diagrama de flujo, se puede afirmar que para conocer el comportamiento de un proceso, una imagen puede ser más valiosa que una tabla con mil números, cuando esa figura es un histograma.

Esta técnica fue desarrollada por el estadístico francés A.M. Guerry en 1833 para mostrar el número de asesinatos correspondientes a varias categorías de variables continuas, tal como la edad del criminal.

Este diagrama muestra la frecuencia de ocurrencia de los datos que haya tomado en su proceso, al medir una variable, esto es un medidor o un indicador que puede asumir cualquier cifra en un rango definido. También permite visualizar la distribución seguida por el conjunto total de datos analizados, proveyendo información sobre la variación de su proceso en relación con dicha variable.

Es importante tener en mente los siguientes conceptos al usar un histograma para el análisis de los datos:

- Las cifras en un conjunto de datos muestran siempre variación.
- La variación muestra un patrón. A estos patrones de variación, se les conoce como "distribuciones".
- Los patrones de variación son muy difíciles de observar en una tabla de números, y
- Tales patrones son más fáciles de visualizar cuando los datos se resumen gráficamente en un histograma.

Pueden existir trampas potenciales en la interpretación de un histograma. Antes de sacar conclusiones de su análisis, asegúrese que los datos que ha tomado son representativos de las condiciones actuales y típicas del proceso. No llegue a ninguna conclusión con base en pocos datos, para efectos prácticos no menos de cincuenta. Los resultados que arroje el histograma deben ser confirmados a través de más análisis de las condiciones en el proceso y mediante observación directa del mismo.

La Figura 19 muestra el histograma de la ocupación porcentual de un hotel, ubicado en una ciudad turística. Se han graficado los datos correspondientes a la ocupación semanal del último año, esto es, a 52 semanas.

Este histograma entrega información relevante, el promedio o la ocupación media semanal es de 53%, estadística que también se podría deducir visualmente sin la necesidad de hacer ningún cálculo. Además, establece que la ocupación semanal puede variar entre un mínimo de 17% y un máximo de 89%.

Otra información relevante es la forma de la distribución de las frecuencias. Nótese que si la distribución fuera normal, seguiría la forma de la curva de campana que aparece en el fondo del gráfico pero, en este caso no es así, ya que los datos no se distribuyen simétricamente en relación con el promedio y se tiene una cima de datos aislados del resto de datos a la izquierda del gráfico. Esto sugiere que dos procesos diferentes existen detrás de los datos y el tamaño pequeño de la segunda cima indica una anormalidad. Efectivamente el factor particular es la estacionalidad de baja temporada que es muy marcada en esta ciudad en el mes de agosto y parte de septiembre.

La distribución que presente el histograma puede ser "tipo peinilla", esto es, alternación regular de valores altos y bajos. Esta distribución indica típicamente errores de medición, errores como fueron agrupados los datos o un sesgo sistemático en el redondeo de las cifras.

Cuando se presenta en el histograma una distribución de forma asimétrica, en la que la cima está descentrada dentro del rango de los datos con una cola corta en un lado y amplia en el otro, es indicativo que la especificación tiene un límite más cerca al valor nominal que el otro. También se presenta cuando la especificación es simple, un mínimo o un máximo. Este patrón no es malo en sí mismo; sin embargo, es preciso cuestionarse su efecto en la satisfacción del cliente, por ejemplo, largo tiempo de espera en colas o bajos contenidos en productos envasados.

Figura 19
El histograma

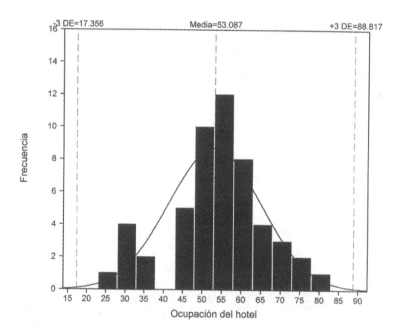

Ocupación del hotel

Con el uso de un histograma se logra cuantificar algún aspecto (medidor o indicador) importante del proceso, tomando decisiones con base en hechos no en opiniones; existe un mejor entendimiento de la variabilidad inherente del proceso; lo que conduce a establecer un análisis de su capacidad para producir resultados aceptables de manera consistente, mediante una observación más realista del mismo.

El equipo de mejoramiento del proceso debe aclarar y llegar a un acuerdo sobre lo que aprendió del proceso después de usar un histograma y tomar conciencia que esto guiará los próximos esfuerzos de investigación del proceso, recolectando mayores datos, estratificándolos y analizándolos antes de implantar soluciones de cara al mejoramiento del proceso.

Diagrama de dispersión

Esta herramienta estadística es un diagrama que relaciona dos conjuntos de datos. Mediante la aplicación de un diagrama de dispersión se puede establecer el grado de relación existente entre una causa y un efecto; dos causas o dos efectos.

Normalmente se utiliza después de conocer los resultados de un diagrama causa-efecto. El diagrama de dispersión no nos dice si una causa es la raíz de un problema o efecto analizados. La información valiosa que provee es establecer el grado de relación existente entre las dos variables: fuerte, débil o ninguna relación.

El requisito esencial para utilizar esta técnica es que ambos conjuntos de datos por relacionar se puedan cuantificar, por eso se habla de las dos variables, una dependiente y otra independiente. La primera se dibuja en el eje Y, la segunda en el eje X.

Cuadro 11
El coeficiente de correlación R

Valor del coeficiente R	Interpretación
+ 1 o una cifra cercana	Fuerte correlación positiva
En el rango [(+0.3) − (+0.7)]	Débil correlación positiva
Cero	Ninguna correlación
En el rango [(−0.3) − (−0.7)]	Débil correlación negativa
− 1 o una cifra cercana	Fuerte correlación negativa

La técnica suministra el llamado coeficiente de correlación "R" que mide el nivel de relación entre las dos variables. Este coeficiente varía en un rango de −1 hasta +1. El Cuadro 11 muestra el significado del coeficiente de correlación R.

Si se presenta una fuerte correlación positiva significa, por ejemplo, que sí están relacionadas la causa con un efecto. Por tanto, si Ud. controla la causa podrá predecir qué sucederá con el efecto, ya que en la medida en que la causa aumente o disminuya en magnitud sucederá lo mismo con el efecto. Si la correlación es fuerte pero negativa, también se puede predecir qué sucederá con el efecto, pero esta vez si la magnitud de la causa aumenta entonces el efecto disminuye y viceversa.

Una correlación débil, ya sea positiva o negativa significa que el efecto estudiado no se puede explicar solamente por la causa estudiada, y existen otras variables que determinan su comportamiento. En estos casos, se requiere utilizar técnicas más complejas como el diseño de experimentos o el análisis de variables múltiples.

También será muy útil determinar que no existe ninguna relación entre las dos variables analizadas, ya que lo que se creía que podía ser una causa no tiene relación con el efecto estudiado y, por tanto, se descarta como factor de análisis.

Figura 20
Diagrama de dispersión
Relación entre el ingreso *per cápita* y el número
de artículos de la Constitución

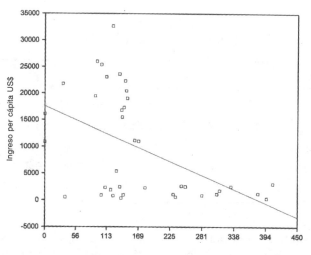

No. artículos de la Constitución Política

Según un estudio desarrollado por el Centro de Estudios Económicos de la Universidad de los Andes, los países desarrollados son los que tienen las constituciones políticas más cortas del mundo. La Figura 20 presenta el diagrama de dispersión y muestra para varios países (38), la relación entre el ingreso *per cápita* y el número de artículos permanentes en la Constitución. Se observa una débil correlación negativa, con un coeficiente de correlación R = –0,481. Se observa en el gráfico que existe cierta relación estadística entre las dos variables, esto es, a medida que aumenta el número de artículos de la Constitución de un país, el ingreso *per cápita* de sus ciudadanos tiende a ser menor y viceversa. Desde luego, el resultado del diagrama de dispersión nos recalca el hecho que el número de artículos de la Constitución no explica por sí solo la riqueza de los habitantes de un país.

Gráficos de control

Los gráficos de control son una poderosa técnica, inventada por Walter Shewart, para establecer si un proceso es estable o inestable a través del tiempo. Quizás sea la más completa de las técnicas básicas que se han presentado hasta ahora en este libro, por su eficacia para escuchar "la voz del proceso".

Una definición sencilla es pensar en un gráfico de control como una radiografía o una fotografía de un proceso que permite monitorear su desempeño, extrayendo del mismo pequeñas muestras para graficar los resultados de manera cronológica del medidor o indicador escogido.

Desde la perspectiva del uso de un gráfico de control, se puede decir que un proceso es cualquier conjunto de causas que interactúan para obtener un resultado, o de manera más sencilla, un proceso es un sistema de causas.

Todo proceso varía, ya sea en sus actividades o en sus resultados. Varía la cantidad de gastos familiares; el comportamiento de las personas; la cantidad de estrés en el trabajo; el consumo diario de gasolina de su automóvil; el valor económico agregado en un año en su empresa; el volumen de las ventas; los índices de accidentalidad en la planta; la rotación de personal en una sucursal; el mantenimiento y la calibración de equipos; los errores cometidos en el servicio; y sigue un número ilimitado de ejemplos.

Desde la perspectiva de la organización y de la gerencia de procesos, entender el concepto de variación es un factor clave de éxito para cualquier gerente, ya que toma decisiones basado en la interpretación de la variación que observa en un proceso.

Por ejemplo, ¿usted qué haría si el presupuesto de ventas no se ha cumplido en los últimos tres meses? O ¿si las tasas de interés bancarias subieron dos puntos por encima del mes precedente? O ¿si el nivel de satisfacción de los usuarios en los últimos seis meses ha estado por encima del promedio del año anterior?

La toma de decisiones se fundamenta en pensar si la variación que observamos es indicativa de un cambio o simplemente es una variación resultante del azar, que no es diferente a la observada en el pasado.

Cualquier variación en el indicador o medidor que estemos analizando en un proceso es causada. Tales causas de variación se clasifican en dos grandes categorías, causas comunes y causas especiales de variación.

Los resultados de un proceso varían sólo si las entradas y condiciones del proceso varían, y éstas siempre están variando. Si se pueden identificar las causas específicas para cualquier variación dada, desde la perspectiva de la salida deseada, entonces se puede desarrollar una estrategia para reducir, eliminar esa variación y, en consecuencia, se obtendrá una salida más consistente con los requerimientos del cliente. El gráfico de control permite hacer esto.

Las causas comunes de variación son entradas y condiciones del proceso que permanentemente y por igual contribuyen a la variabilidad de los resultados del proceso. Estas causas contribuyen a la variabilidad en los resultados porque ellas mismas varían. Cada causa común contribuye en "pequeña cantidad" a la variación total en los resultados del proceso. La variabilidad de una causa común ocurre con un patrón "no sistemático", es decir, al azar. Ya que las causas comunes son "contribuyentes regulares", el proceso o sistema puede ser definido en términos de ellas.

Por el contrario, las causas especiales son entradas o condiciones del proceso que "esporádicamente" contribuyen a la variabilidad en los resultados. Al igual que las causas comunes contribuyen a la variabilidad de los resultados porque ellas mismas varían. Cada causa especial puede contribuir en "pequeña" o "gran" cantidad a la variación total en el resultado del proceso. Ocurren con un patrón "sistemático", es decir, que se puede detectar. Y ya que son contribuyentes "esporádicos", el proceso o sistema se define sin ellas.

Fundamentalmente un gráfico de control es un dibujo cronológico que muestra cómo se está comportando el proceso, distinguiendo la presencia de causas comunes de las causas especiales de variación en los resultados. Al dibujar el gráfico de control se busca identificar resultados individuales que no "llenen" el patrón general de datos y patrones "sin rango" en los datos.

En el gráfico de control de la Figura 21 se muestra el comportamiento de un proceso de atención a clientes en el departamento de préstamos. Se desea conocer el tiempo que debe esperar un cliente para ser atendido por el representante del banco. Durante 25 días, se han tomado los tiempos de espera de cinco clientes, cada día, escogidos al azar durante el horario diario de atención.

Figura 21
Gráfico de control X-barra; R

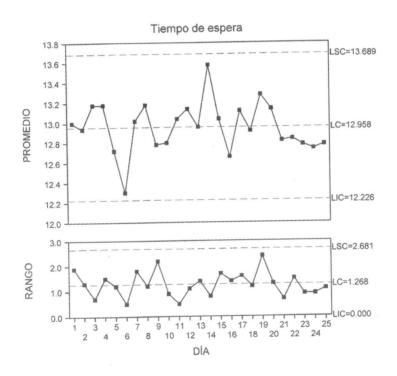

El análisis se ha hecho utilizando un gráfico de control llamado X-barra (promedio); R. En la parte superior de la Figura 21 están graficados los tiempos promedio de atención a los clientes, este gráfico controla el promedio o X-barra. La parte inferior muestra el gráfico R, que controla la variabilidad de los datos en un mismo día.

Cada gráfico tiene dibujada una línea central y unos límites de control, tanto superior como inferior, establecidos estadísticamente. Un comportamiento estable del proceso, se caracteriza porque todos los puntos se encuentran entre los límites de control, fluctúan al azar, sin patrón definido, a lado y lado de la línea central. Es el caso en la Figura 21.

Cuando se presentan uno o más puntos por fuera de los límites de control o existe un patrón definido, como secuencias, estratificaciones, tendencias ascendentes o descendentes, entonces el proceso es inestable y están presentes en el proceso causas especiales de variación, únicas responsables de la falta de control en el proceso.

Un proceso estable significa que se puede predecir su resultado dentro de unos límites estadísticamente establecidos. En el caso analizado, se puede predecir que cualquier cliente que llegue a solicitar un préstamo en el banco, en cualquier día y en cualquier momento, esperará en promedio 13 minutos en la fila para ser atendido y esa atención variará entre 12 y 14 minutos.

Estable significa que las causas de variación permanecen esencialmente constantes a través del tiempo. Pero, no significa que no existe variación en los resultados del proceso, que la variación sea pequeña o que el producto satisfaga las necesidades y expectativas del cliente. Por ejemplo, el proceso de atención que nos ocupa es estable pero, ¿estarán los clientes satisfechos con esperar 13 minutos para ser atendidos? La respuesta la tienen ellos, por eso el gerente del proceso de crédito deberá preguntar su opinión, y si la respuesta es negativa, deberá cambiar las causas comunes de variación del proceso hasta que éste arroje tiempos menores de atención al cliente.

De otro lado, un proceso inestable no significa que posea necesariamente alta variabilidad. Se llama inestable porque la magnitud de variación de un período a otro es impredecible.

En resumen, un proceso es estable si la salida está afectada por causas comunes solamente. Y es inestable si la salida está afectada además de las causas comunes por causas especiales de variación.

Si no se entiende el concepto de variación en un proceso, un gerente de proceso o un integrante del equipo de mejoramiento interpretaría equivocadamente que hay cinco puntos consecutivos en el gráfico de promedio por debajo de la línea central y, por tanto, habría que tomar acciones correctivas para restablecer el control. No se debe tomar ninguna acción, pues el proceso es estable y es normal que se presente esta situación.

Otras versiones de gráficos de control para variables, es el gráfico para valores individuales, útil cuando por razones prácticas o económicas, solamente se puede medir una sola vez en cada frecuencia de medición la variable de interés. Esta situación conduce a gráficos de control para valores individuales y rangos móviles. Si por el contrario, es fácil y económico realizar muchas mediciones, entonces se pueden utilizar los gráficos para promedios y desviaciones estándar.

Adicionalmente a los gráficos de control para variables, se cuenta con gráficos de control para atributos que permiten analizar el comportamiento del proceso cuando lo que se mide son defectos o productos defectuosos. Los objetivos perseguidos son los mismos y se aplican criterios similares para establecer la estabilidad del proceso. La diferencia entre unos y otros es el tipo de medidor.

Las aplicaciones más utilizadas de gráficos de control para atributos son los gráficos p que miden el porcentaje defectuoso. El primer gráfico de control conocido fue un gráfico p. Ejemplos: el porcentaje de libros con varios defectos de impresión o encuadernación manufacturados por una editorial; el porcentaje de errores en la facturación de servicios; el porcentaje de quejas y reclamos; el porcentaje de cirugías canceladas en un hospital. Si el interés no es el porcentaje, sino el número de productos defectuosos, entonces se utiliza el gráfico np.

Cuando los atributos medidos en el proceso son defectos, por ejemplo, diferentes tipos de defectos de pintura en una ensambladora de carros o defectos presentes en la producción de rollos de papel o el número de quejas presentadas por usuarios de un servicio, se utiliza el gráfico de control c, si el tamaño de muestra es constante, por ejemplo el número de defectos en un televisor. Si el área de oportunidad de ocurrencia de los defectos cambia de un subgrupo a otro, se usa el gráfico de control u, como sería el caso de las llamadas no atendidas en un *call center*, ya que el número de llamadas varía día a día.

La Figura 22 ilustra un ejemplo de un gráfico de control para atributos tipo p. Se muestra el comportamiento del porcentaje de cesáreas practicadas mensualmente a madres por primera vez. El proceso es inestable porque aunque todas las observaciones se encuentran dentro de los límites de control, desde el mes de enero y hasta septiembre de 2000, es decir, 9 resultados seguidos están por debajo del porcentaje promedio, lo que es indicativo de una causa especial. En este caso, se trata de un cambio buscado y de un mejor resultado a favor de las pacientes y los recién nacidos, ya que todos los obstetras acordaron normalizar el procedimiento de atención de partos con el fin de reducir el porcentaje de cesáreas practicadas. El gráfico refleja esa mejora.

Figura 22
Gráfico de control p

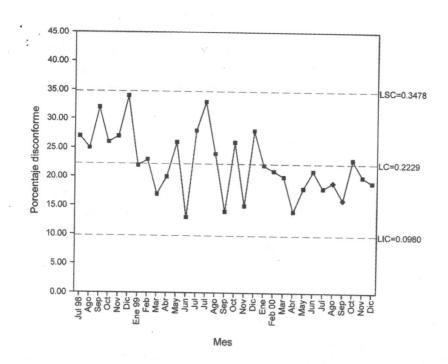

Alteración del proceso

El no entendimiento de la variación en los procesos, conduce a la alteración innecesaria del mismo. Alterar el proceso significa interferir en él para debilitarlo o cambiarlo de manera negativa, emprender experimentos sin sentido o peligrosos, manipularlo de modo inapropiado o con propósitos inapropiados.

En el Cuadro 12 se resumen las acciones o respuestas dadas por los gerentes cuando observan variación en los procesos inducida por causas comunes o de causas especiales de variación. Las estrategias efectivas para reducir la variación son diferentes dependiendo del tipo de causa presente y las estrategias efectivas para un sistema de causas van en detrimento de otro sistema de causas.

Cuadro 12
Por qué distinguir entre causas comunes y causas especiales de variación

Acción o respuesta del gerente del proceso

Tipo de causa	Ninguna	Solicitar una explicación	Emprender una acción en respuesta a la explicación	Solicitar que se registre el estado de factores causales potenciales	Estudiar y cambiar la estructura fundamental del proceso
Causa común	Ninguna mejora	Pérdida de productividad	Mayor variación	Establecer las bases para comprender el proceso	Mayor variación
Causa especial	Ninguna mejora	Obtener información útil	Reducir variación	Profundidad ineficiente de análisis	La pérdida de productividad puede aumentar la variación

Procesos 6 sigma

La variación total de los resultados en un proceso tiene una magnitud de seis desviaciones estándar (6 sigma). En términos prácticos, eso significa que su proceso genera como máximo 3.4 productos (bienes o servicios) con defectos por cada millón de oportunidades.

Muchas organizaciones alrededor del mundo operan a un nivel de 3 o 4 sigma, es decir, que sus productos tienen entre 6.200 y 67.000 defectos por millón de oportunidades. El efecto es devastador en el cliente, en las finanzas de la organización y en la sociedad toda. La idea es entonces que todos los procesos en su organización tengan una variabilidad tan mínima que sean procesos 6 sigma.

Imagine lo que significa tener resultados 99% aceptables en su organización. Alguien podría pensar: pero eso significa que sólo el 1% de los productos tiene algún problema. Las siguientes cifras quizás hagan reflexionar a esa persona. 99% de calidad significa al menos 200.000 prescripciones erradas de medicamentos al año; más de 30.000 recién nacidos que se han caído de las manos de obstetras o enfermeras; tomar agua impotable casi 4 días en el año; no contar con electricidad, agua o aire acondicionado alrededor de 15 minutos cada día.

Por tanto, aunque es muy difícil llegar a la meta de 6 sigma, se debe trabajar sistemáticamente en todos los procesos de la organización para que el cliente obtenga el producto que llene sus necesidades y expectativas en cada oportunidad en que se le sirve.

Las siete herramientas básicas son útiles para facilitar el trabajo en equipo y mejorar las relaciones en el trabajo, pues facilitan la comunicación al hacer las cosas visibles; recolectar, analizar, clasificar datos e interpretar información.

Una observación final. Es importante no caer en las trampas comunes relacionadas con la recolección de datos, que afectan la efectividad en aplicar con éxito un modelo de mejoramiento de procesos:

- Mucha planeación y nada de acción.
- La tarea de recolección se asigna a una comisión o subgrupo de personas y creen que con eso han cumplido su responsabilidad de mejorar el proceso.
- Se asignan recursos insuficientes, especialmente tiempo y apoyos en sistemas de información y *software* para procesamiento electrónico de los datos.
- Obtener montañas de datos, sin analizarlos ni evaluarlos.
- Parálisis por análisis. No se avanza en el mejoramiento del proceso por el deseo de tener análisis adicionales o más profundos, y
- Al descubrir información "absurda", simplemente se acepta o se rechaza, sin investigar y entender por qué se presenta.

Las siete técnicas de planeación y gerencia

Además de conocer y aplicar las anteriores técnicas básicas, diseñadas para ayudar a la comprensión y análisis del proceso objeto de mejoramiento o de control, es necesario aprender otras técnicas que permiten dar respuestas al *qué* hacer y *cómo* hacerlo en nuestro propósito de mejorar el proceso.

1. Diagrama de afinidad
2. Diagrama de árbol
3. Matrices de prioridad
4. Diagrama matriz
5. Diagrama de interrelaciones
6. Gráfica del programa de decisión del proceso
7. Diagrama red de actividad

Diagrama de afinidad

Esta herramienta reúne grandes cantidades de datos orales, ideas, opiniones, juicios, los organiza en grupos afines, basados en su relación natural. Es un proceso altamente creativo, más que lógico.

Este diagrama es más eficaz cuando los hechos o pensamientos son un caos o los eventos son muy complejos o demasiados para entenderlos.

El uso de esta técnica implica que las personas que participen en su elaboración utilicen mentalidad abierta para no aplicar las viejas y tradicionales soluciones.

La construcción del diagrama sigue una secuencia muy concreta. Cada persona del equipo de mejoramiento registra en papeletas autoadhesivas el mayor número de ideas sobre el tema objeto de estudio, escribiendo una idea por papeleta. Luego se colocan al azar todas las papeletas en una superficie, asegurándose de contar con suficiente espacio para que todos participen. El objetivo es agrupar las papeletas que contengan ideas afines. Cualquier persona puede mover cualesquiera de las papeletas. Se debe evitar colocar "a la fuerza" una papeleta en un determinado grupo, ya que esa idea individual puede constituir su propio grupo. Luego se le asignan nombres genéricos a cada grupo. El resultado final se parece al juego del solitario con cartas.

La Figura 23 muestra un diagrama de afinidad sobre el análisis efectuado por los dueños de una firma inmobiliaria acerca de cuáles creen ellos son los servicios claves que agregan valor a los propietarios que consignan sus inmuebles para que la inmobiliaria los administre en arrendamiento.

Figura 23
Diagrama de afinidad

El grupo inició el análisis generando 78 ideas diferentes, las que finalmente fueron agrupadas en los siete grupos afines que muestra la figura.

Diagrama de árbol

En un diagrama de árbol se proyecta sistemáticamente, en detalle, el cómo,
las maneras o los medios más apropiados y efectivos para alcanzar un objeti-

vo primario y cada objetivo secundario relacionado, por eso se le conoce también con el nombre de diagrama sistemático.

Al utilizar este tipo de diagrama se vuelve a usar una forma de pensar más confortable para las personas en las que predomina la parte izquierda de su cerebro, pura lógica lineal. El aparente caos existente en la construcción de los diagramas de afinidad y de interrelaciones se remplaza por una estructura ordenada.

Figura 24
Conceptos del diagrama de árbol

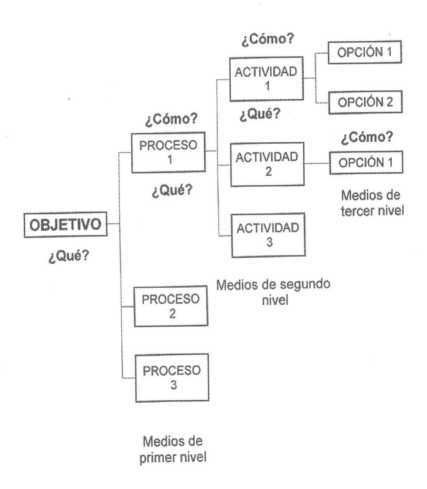

En el diagrama de árbol se toman los aspectos claves de un problema y se "explotan" hasta un nivel de detalle que sea práctico. La Figura 24 muestra el procedimiento. El objetivo se dibuja en la parte izquierda o en la parte superior, dependiendo si se quiere presentar el gráfico horizontal o verticalmente. Luego se presentan, en un primer nivel, los medios que se utilizarán para alcanzar el objetivo primario. Luego cada uno de esos medios se transforma en un objetivo secundario por lograr y se establecen los medios de tercer nivel. Se continúa así hasta conformar un árbol de posibilidades, con diferentes ramas. El diagrama se interpreta de derecha a izquierda y se construye en sentido contrario.

El punto de partida puede ser el diagrama de afinidad. Cada grupo afín puede ser un medio para conseguir un objetivo definido. En el Capítulo 2, la Figura 4 presenta un diagrama de árbol sobre una política estratégica de calidad.

Matrices de prioridad

El diagrama de árbol establece qué hay que hacer y cómo hacerlo, demarcando las diferentes opciones que se tienen para alcanzar un objetivo, pero no establecen el orden de prioridad en la ejecución, al momento de asignar los recursos a disposición de la gerencia.

Las matrices de prioridad han sido diseñadas para establecer la prioridad a los medios u opciones que se tienen para alcanzar un objetivo, definiendo con base en criterios acordados, qué procesos, actividades, proyectos o tareas deben llevarse a cabo y en qué orden por su efectividad para lograr el objetivo. Es una técnica para ayudar en la toma de decisiones.

Es útil usar las matrices de prioridad cuando los elementos claves para alcanzar un objetivo han sido identificados y las opciones de solución deben reducirse para decidir una secuencia en la ejecución de las opciones generadas, o existe acuerdo sobre los criterios para llegar a una solución pero no sobre su importancia relativa. También aporta soluciones cuando existen limitaciones de tiempo, fondos, personas.

Esta técnica se nutre del diagrama de árbol. La lista final de los medios detallados establecidos en él, son el objeto de atención de las matrices de prioridad. La idea es establecer, de todas las opciones que aparecen en el diagrama de árbol, cuáles son las prioritarias.

El método más complejo y riguroso para hacerlo es el del criterio analítico completo. Existen tres fases básicas en el desarrollo de este método. El primer paso es establecer los criterios de evaluación, dándole importancia a cada criterio mediante la asignación de pesos relativos. En la segunda fase, se evalúa la lista de opciones con base en cada criterio. Por último, se establece la prioridad de las opciones, escogiendo las mejores, al tomar en consideración todos los criterios, combinando todos los resultados individuales, obtenidos con cada criterio.

Para aplicar el método del criterio analítico completo, el equipo humano de trabajo debe elaborar primero la matriz de criterios. La matriz es una tabla con tantas líneas y columnas como criterios se hayan escogido. El juzgamiento de la importancia relativa de un criterio en relación con cada uno de los demás, se establece usando la siguiente escala de calificación:

1   =   Igualmente importante o preferido

5   =   Más importante o más preferido

10   =   Muchísimo más importante o preferido

1/5   =   Menos importante o preferido, y

1/10   =   Extremadamente menos importante o preferido.

El Cuadro 13 muestra una matriz de criterios en la que se han evaluado la importancia relativa de cinco criterios de evaluación.

Cuadro 13
Matriz de criterios

	Eficiencia	Tecno-logía	Tiempo	Costo	Calidad	Total línea	% del total
Eficiencia		10	1/5	1/10	1/5	10.5	16.5
Tecnología	1/10		5	5	1/10	10.2	16.1
Tiempo	5	1/5		1/5	1/5	5.6	8.8
Costo	10	1/5	5		1	16.2	25.5
Calidad	5	10	5	1		21.0	33.1
Total						63.5	100.0

La interpretación de la matriz se hace leyendo a través de las líneas. En este ejemplo, el criterio eficiencia es significativamente más importante que el criterio tecnología, es menos importante que los criterios tiempo y calidad y muchísimo menos importante que el criterio costo. El resultado final muestra que los criterios claves de evaluación, en este caso, serían calidad y costo.

De manera similar, se construyen dos matrices, una con base en el criterio calidad y otra para el criterio costo. En estas matrices las líneas y las columnas van a ser todas las opciones planteadas en el diagrama de árbol. Como resultado, se obtendrá la prioridad que se le dan a las opciones, tomando en consideración, por un lado, el criterio calidad y por otro, el criterio costo. Por último, se combinan los resultados individuales en una matriz resumen.

Los equipos de mejoramiento de proceso con experiencia en la aplicación de esta técnica, siguen un método más sencillo al anterior, poniéndose de acuerdo en los criterios de evaluación que se utilizarán, sin necesidad de elaborar una matriz de prioridad. Asimismo, las matrices de prioridad para cada criterio y la matriz resumen, se elaboran con un sistema de calificación más simple.

Una ilustración detallada del uso de las matrices de prioridad se encuentra en el Capítulo 7; véase ¿qué procesos es importante comparar?

Diagrama matriz

En un diagrama matriz se organiza la información en conjuntos de elementos para ser comparados. Gráficamente, se muestra el punto de conexión lógica entre dos o más elementos. También se muestran los elementos de cada conjunto relacionados. Más allá de la existencia o ausencia de una relación, se indica mediante un código (símbolo o número) qué tan fuerte es la relación y la dirección de la influencia.

De las técnicas de planeación y gerencia, quizás ésta sea la de mayor versatilidad y la de mayor uso. El diagrama matriz reta a contestar estas preguntas: ¿Existe alguna relación entre estos dos elementos? Si es así, ¿qué tan fuerte es?

En las Figuras 25 y 26 aparecen los dos formatos básicos para el diagrama matriz, conocidos por su forma como matriz en "L" y matriz en "T". La primera permite relacionar dos conjuntos de elementos, la segunda tres.

Figura 25
Diagrama matriz. Formato en "L"

	1a	1b	1c	Totales
2a	○	△	◉	13
2b	◉	○	△	13
2c		◉		9
Totales	12	13	10	35

◉ (9)
○ (3)
△ (1)

Figura 26
Diagrama matriz. Formato en "T"

◉ (9)
○ (3)
△ (1)

	1A	1B	1C	Totales
Totales	12	10	10	32
3C	○		◉	12
3B	◉	△		10
3A		◉	△	10
	1A	1B	1C	Totales
2A	△	◉	◉	19
2B	◉	○		12
2C		◉	△	10
Totales	10	21	10	41

◉ (9)
○ (3)
△ (1)

Diagrama de interrelaciones

Un diagrama de interrelaciones permite conectar una idea con varias otras a la vez. En esta técnica, se toma un efecto, problema, objetivo o idea principal y se proyectan su relaciones secuenciales o lógicas existentes entre los diferentes elementos en consideración.

Es una herramienta útil para encontrar las relaciones causa-efecto en un proceso o en un sistema, identificando de manera clara y rápida dónde se encuentran las raíces y cuellos de botella que impiden el mejoramiento, de tal manera que el equipo humano de trabajo pueda planear los esfuerzos de mejora con eficacia, al tomar acciones gerenciales en una secuencia correcta que traerá cambios significativos con el mínimo de esfuerzo.

La relación sistémica nos dice que en cualquier proceso o sistema tiene alguna interacción con los demás componentes, típicamente influenciando o siendo influenciado por el otro. Un diagrama de interrelaciones permite descubrir tales relaciones.

En un ejercicio de planeación estratégica, el consejo de calidad puede usar el diagrama de interrelaciones, por ejemplo, para discriminar entre todas las posibles relaciones causales existentes entre las áreas estratégicas identificadas y encontrar las pocas vitales, aquéllas que tengan la mayor influencia en la consecución de la visión de la organización.

El consejo de calidad de una importante industria petrolera latinoamericana identificó, utilizando diagramas de afinidad, causa-efecto y el análisis de Pareto, la existencia de las siguientes ocho áreas estratégicas para alcanzar la visión de futuro de la empresa en los próximos cinco años:

1. Servicio amigable con el cliente
2. Capacitación y certificación de personal
3. Consistencia en calidad del producto
4. Tecnología de información disponible en toda la estructura
5. Relación entre el valor entregado y el precio pagado
6. Entregas justo a tiempo
7. Política salarial atractiva
8. Aumento de la productividad.

La mecánica del diagrama es la siguiente: las ocho área estratégicas se escriben en papeletas autoadhesivas, tipo "Post-it", y se colocan en un tablero visible formando un círculo. Los integrantes del consejo de calidad piensan en el objetivo final de la técnica: tener un mapa que muestre cuáles son las

relaciones causales entre estas áreas estratégicas y encontrar cuáles son factores claves, aquellas que afectan a las demás y los cuellos de botella, aquellas
que son afectadas por muchas otras.

Es muy importante realizar el ejercicio considerando cada elemento en
relación con cada uno de los otros elementos en el diagrama, formando pares
para el análisis. Por ejemplo, se inicia con "servicio amigable" y se analiza la
relación existente con el siguiente elemento en el tablero, "capacitación y
certificación de personal", preguntando, ¿este elemento es causa o afecta a
este otro?

No es suficiente determinar que existe una relación, se debe decidir también si el elemento es el causante o el afectado por el otro elemento. Para cada
relación encontrada, se dibuja una flecha que conecta los dos elementos. La
punta de la flecha debe terminar en el elemento afectado. Si no hay relación
alguna entre el par de elementos analizados, obviamente no habrá flecha que
los una. Finalmente, se cuentan cuántas flechas entran y salen de cada elemento, en este caso, de cada área estratégica. El diagrama de interrelaciones
obtenido, se muestra en la Figura 27.

Figura 27
Diagrama de interrelaciones

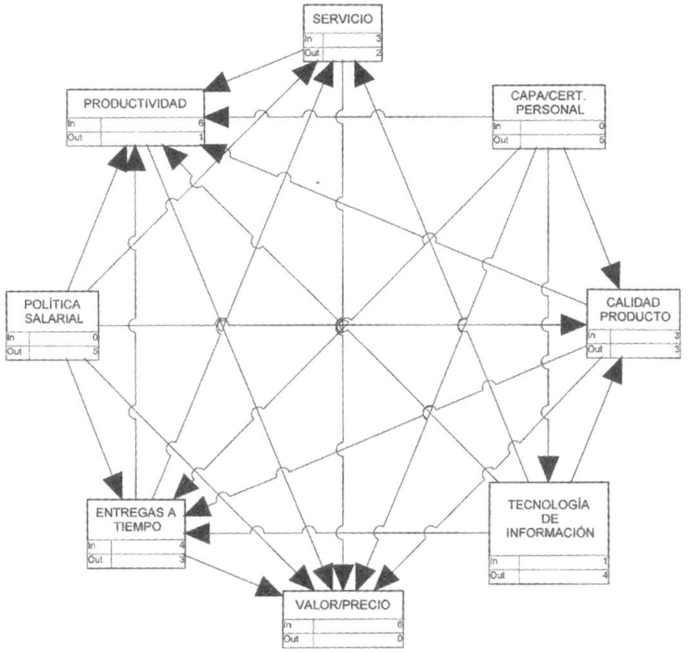

En el análisis del diagrama completo, lo que tiene especial interés es hallar cuáles son los elementos con mayor cantidad de flechas salientes y ninguna entrante, o quizás una. Los elementos con el mayor número de "salidas" y muy pocas "entradas" son las raíces, los factores claves. Un factor clave es un elemento, que en teoría al ser desarrollado tendrá efecto grande en el resultado buscado, en este caso, lograr la visión de futuro de la compañía. Los factores claves de éxito son, entonces, la capacitación y certificación de personal y la política salarial. Paradójicamente, el área de formación fue considerado inicialmente como área no crítica, es más, casi no se incluye en el diagrama de afinidad.

El diagrama de interrelaciones revela también dos elementos muy importantes, el aumento de productividad y la percepción que tenga el cliente entre la relación valor y precio. Son cuellos de botella, pues allí llegan muchas flechas y no sale ninguna o una de ellas. Son objetivos vitales, pero que no se pueden crear directamente, serán el resultado lógico de trabajar en las demás áreas estratégicas.

Gráfica del programa de decisión del proceso

Este tipo de gráfico es un método que muestra los eventos y contingencias factibles que pueden ocurrir en la implantación de un plan. Identifica las posibles contramedidas a tales eventualidades. Esta técnica se usa para planear cada cadena posible de eventos que pueden ocurrir cuando no se está familiarizado con el problema o con el objetivo a lograr.

El principio detrás de este gráfico es que virtualmente el camino hacia cualquier objetivo está lleno de incertidumbre y de un ambiente imperfecto, si esto no fuera cierto, se tendría la siguiente secuencia:

$$Plan \quad \longrightarrow \quad Realización$$

La realidad nos dice que debemos acudir al ciclo de mejoramiento PEEA, esto es: planear, ejecutar, estudiar y actuar.

Este gráfico trata de anticipar lo inesperado, y en cierto sentido, intenta un circuito en el ciclo PEEA, de tal manera que el estudiar se hace mediante una prueba o experimentación del proceso. Lo interesante de esta técnica es que no sólo trata de anticiparse a las desviaciones en el plan, sino que también desarrolla contramedidas que pueden prevenir que la desviación ocurra o que estén en su lugar, cuando la desviación ocurra. La primera opción es ideal, porque es realmente preventiva. Sin embargo, la gerencia cuenta con recursos limitados y para asignarlos muchas veces tiene que establecer la probabilidad de que los eventos ocurran. En consecuencia, la mejor medida en estos casos, es contar con un plan de contingencia.

En general esta técnica es útil cuando existe incertidumbre en un plan propuesto de implantación. ¿Y en cuál plan no ha existido tal incertidumbre?

Las claves para la escogencia de esta técnica son que el proceso sea único o nuevo; el plan de implantación tiene suficiente complejidad; el riesgo potencial de fallar es grande; la eficiencia en la implantación es crítica; las contingencias son razonables, sin crear problemas donde no deben existir.

La Figura 28 presenta el gráfico del programa de decisión que podría tomar la gerencia de una empresa para abrir una nueva planta. El diagrama muestra los pasos a seguir, qué problemas se pueden presentar, ¿qué sucede si?, cuáles son las contramedidas que se pueden tomar y una evaluación de su factibilidad.

Diagrama red de actividad

En investigación de operaciones, se utilizan dos técnicas muy conocidas, el PERT (Program Evaluation and Review Technique) y CPM (Critical Path Meted). El diagrama de la red de actividad es el nombre dado a una combinación de las dos anteriores.

La técnica se usa para planear el programa más apropiado para completar un plan de acción y todas sus actividades relacionadas. El diagrama proyecta el tiempo de terminación y supervisa todas las actividades para adherirse al programa planeado. Su aplicación requiere familiaridad con el objetivo a lograr y un conocimiento sobre la duración de cada actividad.

En el diagrama red de actividad, cada una de ellas se representa con un símbolo, letra o número. También se dibujan los números que indican la duración. Los símbolos están conectados por flechas que muestran el orden secuencial de las actividades, desde un punto de partida hasta una actividad final, conformando una red. En la realización del plan se pueden ejecutar actividades simultáneamente o en "paralelo". Ya que se conoce la duración que conlleva completar cada actividad, se puede encontrar la ruta crítica, aquélla

Figura 28
Gráfico del programa de decisión del proceso

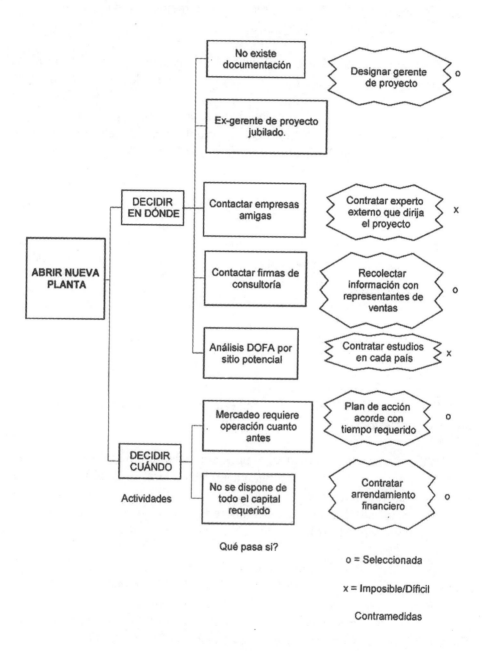

que muestra la ruta de las actividades claves por terminar en el tiempo máximo establecido para no retrasar el programa previsto.

Por ejemplo, las actividades requeridas y su duración para poner en funcionamiento un nuevo punto de venta de una cadena de almacenes de chocolatería, se muestran en el Cuadro 14 y el diagrama red de actividad correspondiente, en la Figura 29.

Todo el proceso, si se ejecutan las actividades claves a tiempo, requiere 14 semanas. En este caso, por ejemplo, se puede solicitar la conexión al sistema de información y colocar órdenes de compra de los diferentes tipos de chocolates, de manera simultánea con las remodelaciones del local arrendado y existe una holgura de tres semanas para terminar tales actividades, pero las remodelaciones externas e internas del local son críticas en ese trayecto del proyecto.

Cuadro 14
Itinerario actividades

Fase	No.	Actividad	Duración	Semanas
A	1	Búsqueda local	4	4
B	2	Solicitud conexión sistema información	1	4
	3	Remodelación exterior	4	
	4	Remodelación interior y dotación	4	
C	5	Órdenes de compra mercancía	1	4
	6	Selección de personal	4	
	7	Compra equipos procesamiento datos	1	
D	8	Entrenamiento de personal	1	2
	9	Organización del almacén	1	
	10	Instalación equipos	1	
	11	Inaguración		
Total				14

Figura 29
Diagrama red de actividad

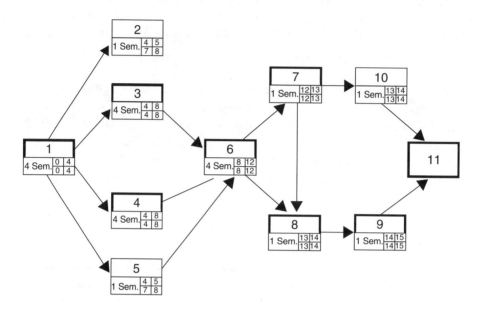

En la era de la tecnología de información, las organizaciones tienen acceso a diferentes programas aplicativos de computador, diseñados específicamente para ayudar a documentar y simular los procesos, a utilizar todas las técnicas presentadas en este capítulo y otras más complejas aún. El valor agregado de contar con estos medios informáticos es inmenso y la inversión en la compra de los mismos es más que justificada.

Una ventaja competitiva para las organizaciones que se orientan hacia el mejoramiento de sus procesos radica en la capacitación y entrenamiento que reciben todas las personas en el conocimiento y manejo de estos medios, utilizándolos dentro del modelo de mejoramiento rutinariamente en la gerencia de los procesos bajo su responsabilidad.

Los resultados del mejoramiento son bastante diferentes cuando las personas han sido formadas en gerencia de procesos con ayuda y aplicación de *software* especializado y aplican esos conocimientos en su trabajo diario, es decir, en sus procesos.

BIBLIOGRAFÍA

Andrews, K., *The Concept of Corporate Strategy,* Dow Jones-Irwin,1980.
Barker, J.A., *The Business of Paradigms,* Video, Charthouse Learning Corporation, 1990.
——, *The Power of Vision,* Video, Charthouse Learning Corporation, 1990.
Camp, R.C., *Benchmarking: The Search for Industry Best Practices that Lead to Superior Performance,* Quality Press, 1989.
——, *Business Process Benchmarking,* Quality Press, 1995.
Chandler, A., *Strategy and Structure: Chapters in the History of the American Industrial Enterprise,* MIT Press, 1962.
Davenport., T., *Process Innovation,* Dow Jones-Irwin, 1994.
Deming, W. E., *Out of the Crisis,* Quality Press, 1986.
——, *Some Statistical Logic in the Management of Quality,* June, 1950.
Drucker, P., *Desafíos para la gerencia moderna,* Editorial Norma, 1999.
——, *Gerencia para el futuro. El decenio de los 90 y más allá,* Editorial Norma, 1993.
Galloway, D., *Mapping Work Proceses,* Quality Press, 1994.
Hammer, M.; Champy, J., *Reengineering the Corporation; A Manifesto for Business Revolution,* Harper Collins Publishers, Inc., 1993.
Imai, M., *Kaizen: The Key to Japan´s Competitive Success,* McGraw-Hill, 1986.
ISO 9000: 2000, Quality Management Systems: Fundamental and Vocabulary, Organización Internacional de Normalización, 2000.
ISO 9001: 2000, Quality Management Systems: Requirements, Organización Internacional de Normalización, 2000.
ISO 9004: 2000, Quality Management Systems: Guidelines for Performance Improvements, Organización Internacional de Normalización, 2000.
Juran, J.M., *Juran on Leadership for Quality,* Quality Press, 1989.
Kagono, T., *et. al., Estrategia y Organización,* Tercer Mundo Editores, 1994.
Kaplan, Robert S., *et. al., The Balanced Scorecard,* HBS Press, 1996.
King, B., *Hoshin Planning: The Developmental Approach,* Quality Press, 1989.
Malcolm Baldrige National Quality Award. 1999 Award Criteria Booklet, National Institute of Standards and Technology.
Mariño, H., *El sistema de control estadístico de calidad,* Instituto Colombiano de Normas Técnicas, 1984.
——, *Gerencia de la calidad total,* Tercer Mundo Editores, 1989.
——, *Planeación estratégica de la calidad total,* Tercer Mundo Editores, 2da. edición, 2000.
Premio Colombiano a la Calidad. Guía para los participantes, Ministerio de Desarrollo Económico, 2000.
Pyzdek, T., *The Six Sigma Handbook,* Quality Press, 2000.
Robledo, A., *Administración basada en actividades,* en mimeógrafo, 1998.
Trischler, W.E., *Understanding and Applying Value-Added Assessment,* Quality Press, 1996.
Tzu, S., *El arte de la guerra,* Moliere Editores, 1992.

Este libro se terminó de imprimir en julio de 2001
Publicado por ALFOMEGA S. A.
Transversal 24 No. 40-44, Bogotá, Colombia.
La impresión y la encuadernación se realizaron en
Quebecor World Bogotá.